Bucătăria Antiinflamatoare

Gusturi Sănătoase pentru Viață Plină de Energie

Ana Popescu

Cuprins

Orez cu creveți și unt de lămâie Porții: 3 18

Ingrediente: 18

Adrese: 18

Creveți lămâi la cuptor cu dovlecel și porumb 20

Porții: 4 20

Ingrediente: 20

Adrese: 21

Porții de supă de conopidă 22

Porții: 10 22

Ingrediente: 22

Adrese: 22

Burger cu cartofi dulci și fasole neagră Porții: 6 24

Ingrediente: 24

Adrese: 25

Porții de supă de ciuperci și nucă de cocos 27

Porții: 3 27

Ingrediente: 27

Adrese: 27

Salată de fructe în stil de iarnă 29

Porții: 6 29

Ingrediente: 29

Adrese: 29

Pulpe de pui prăjite cu miere și morcovi Porții: 4 31

Ingrediente: 31

Adrese: 31

Porții de chili de curcan 33

Porții: 8 33

Ingrediente: 33

Adrese: 34

Supă de linte condimentată 35

Porții: 5 35

Ingrediente: 35

Adrese: 35

Pui cu usturoi și legume 37

Porții: 4 37

Ingrediente: 37

Adrese: 38

Porții de salată de somon afumat: 4 39

Ingrediente: 39

Adrese: 40

Porții de salată de fasole și shawarma: 2 41

Ingrediente: 41

Adrese: 42

Porții de orez prăjit cu ananas 43

Porții: 4 43

Ingrediente: 43

Adrese: 44

Porții de supă de linte 45

Porții: 2 45

Ingrediente: 45

Adrese:	46
Salată delicioasă de ton feliat	47
Porții: 2	47
Ingrediente:	47
Adrese:	47
Aioli cu ouă	49
Porții: 12	49
Ingrediente:	49
Adrese:	49
Spaghete cu sos de ciuperci și ierburi Ingrediente:	51
Adrese:	51
Supă miso cu orez brun și shitake cu arpagic	54
Ingrediente:	54
Pastrav de mare la gratar cu sos de usturoi si patrunjel	56
Ingrediente:	56
Adrese:	56
Wraps cu năut cu conopidă Ingrediente:	58
Adrese:	59
Supă cu tăiței de hrișcă	61
Porții: 4	61
Ingrediente:	61
Adrese:	62
Porții ușoare de salată de somon	63
Porții: 1	63
Ingrediente:	63
Adrese:	63
Porții de supă de legume	65

Porții: 4 65

Ingrediente: 65

Adrese: 66

Porții de creveți cu usturoi și lămâie 67

Porții: 4 67

Ingrediente: 67

Adrese: 67

Piept cu branza albastra 69

Porții: 6 69

Ingrediente: 69

Adrese: 70

Soba rece cu dressing miso 71

Ingrediente: 71

Adrese: 72

Bucăți de conopidă de bivoliță la cuptor 73

Porții: 2 73

Ingrediente: 73

Adrese: 73

Pui la cuptor cu usturoi, busuioc și roșii Porții: 4 75

Ingrediente: 75

Adrese: 75

Supă cremoasă de conopidă cu turmeric Porții: 4 77

Ingrediente: 77

Adrese: 78

Orez brun cu ciuperci, kale și cartofi dulci 79

Ingrediente: 79

Reteta de tilapia la cuptor cu topping de nuca si rozmarin 81

Ingrediente:	81
Wrap cu tortilla de fasole neagră	83
Porții: 2	83
Ingrediente:	83
Adrese:	83
Pui cu fasole albă cu verdeață de iarnă	85
Ingrediente:	85
Adrese:	86
Somon copt cu ierburi	87
Porții: 2	87
Ingrediente:	87
Adrese:	87
Salata de pui cu iaurt grecesc	89
Ingrediente:	89
Adrese:	89
Salată de năut piure	90
Ingrediente:	90
Adrese:	91
Porții de salată Valencia	92
Porții: 10	92
Ingrediente:	92
Adrese:	93
Porții de supă „Mănâncă-ți verdețurile".	94
Porții: 4	94
Ingrediente:	94
Adrese:	95
Somon miso și fasole verde	96

Porții: 4 96

Ingrediente: 96

Adrese: 96

Supă de praz, pui și spanac 97

Porții: 4 97

Ingrediente: 97

Adrese: 97

Bombe de ciocolată neagră 99

Porții: 24 99

Ingrediente: 99

Adrese: 99

Ardei umpluți italieni 101

Porții: 6 101

Ingrediente: 101

Adrese: 102

Pastrav afumat invelit in salata verde Portii: 4 103

Ingrediente: 103

Adrese: 104

Ingrediente pentru salata de oua: 105

Adrese: 105

Pui cu susan Tamari la cuptor cu fasole verde 107

Ingrediente: 107

Adrese: 107

Tocană de pui cu ghimbir Porții: 6 109

Ingrediente: 109

Adrese: 110

Ingrediente pentru salata cremoasa de naut: 111

Adrese: 112

Taitei de morcovi cu sos de arahide, ghimbir si lime 114

Ingrediente: 114

Adrese: 115

Legume prăjite cu cartofi dulci și fasole albă 116

Ingrediente: 116

Adrese: 117

Porții de salată de varză 118

Porții: 1 118

Ingrediente: 118

Adrese: 118

Pahar refrigerat cu nucă de cocos și alune Porții: 1 120

Ingrediente: 120

Adrese: 120

Boluri cu chiftele cu taco: 121

Adrese: 122

Zoodles de avocado cu pesto și porții de somon: 4 124

Ingrediente: 124

Adrese: 124

Cartofi dulci cu turmeric, mar si ceapa cu pui 126

Ingrediente: 126

Filet de somon cu ierburi prăjite: 4 128

Ingrediente: 128

Adrese: 128

Tofu și legume de vară condimentate în Italia Porții: 4 130

Ingrediente: 130

Adrese: 130

Ingrediente pentru salata de capsuni si branza de capra: 132

Adrese: 132

Tocană de conopidă şi cod cu turmeric Porţii: 4 134

Ingrediente: 134

Adrese: 134

Deliciu cu nuci şi sparanghel Porţii: 4 136

Ingrediente: 136

Adrese: 136

Paste Alfredo cu dovlecei Ingrediente: 137

Adrese: 137

Pui Quinoa şi Curcan Ingrediente: 139

Adrese: 140

Porţii de tăiţei cu usturoi şi dovleac: 4 142

Ingrediente: 142

Adrese: 143

Pastrav la abur cu fasole rosie si sos chili Portii: 1 144

Ingrediente: 144

Adrese: 145

Porţii de supă de cartofi dulci şi curcan 146

Porţii: 4 146

Ingrediente: 146

Adrese: 147

Somon la grătar cu porţii de miso: 2 148

Ingrediente: 148

Adrese: 148

Friptură în fulgi pur şi simplu prăjită Porţii: 6 150

Ingrediente: 150

Adrese: 150

Carnitas de porc Porții: 10 152

Ingrediente: 152

Adrese: 153

Supa de pește alb cu legume 154

Porții: 6 până la 8 154

Ingrediente: 154

Adrese: 154

Medii cu lămâie Porții: 4 156

Ingrediente: 156

Adrese: 156

Chili Lime Somon Porții: 2 157

Ingrediente: 157

Adrese: 157

Porții de paste cu ton cu brânză 158

Porții: 3-4 158

Ingrediente: 158

Adrese: 158

Fâșii de pește cu crustă de nucă de cocos 160

Porții: 4 160

Ingrediente: 160

Adrese: 161

Porții de pește mexican 162

Porții: 2 162

Ingrediente: 162

Adrese: 162

Pastrav cu sos de castraveti Portii: 4 164

Ingrediente: 164

Zoodles cu lămâie cu porții de creveți: 4 166

Ingrediente: 166

Adrese: 166

Porții de creveți crocanți 168

Porții: 4 168

Ingrediente: 168

Adrese: 168

Porții de biban de mare la grătar Porții: 2 169

Ingrediente: 169

Adrese: 169

Prăjituri cu somon Porții: 4 170

Ingrediente: 170

Adrese: 170

Porții de cod picant 171

Porții: 4 171

Ingrediente: 171

Adrese: 171

Porții de tartinat cu păstrăv afumat 173

Porții: 2 173

Ingrediente: 173

Adrese: 173

Porții de ton și eșalotă: 4 175

Ingrediente: 175

Adrese: 175

Porții de creveți cu piper lămâie 176

Porții: 2 176

Ingrediente: 176
Adrese: 176
Porții de friptură de ton fierbinte 178
Porții: 6 178
Ingrediente: 178
Adrese: 178
Porții de somon cajun 180
Porții: 2 180
Ingrediente: 180
Adrese: 180
Bol cu somon Quinoa cu legume 181
Porții: 4 181
Ingrediente: 181
Porții de pește tocat 183
Porții: 4 183
Ingrediente: 183
Adrese: 183
Empanadas simple cu somon Porții: 4 185
Ingrediente: 185
Adrese: 186
Porții de creveți cu floricele de porumb 187
Porții: 4 187
Ingrediente: 187
Adrese: 188
Porții de pește picant copt 189
Porții: 5 189
Ingrediente: 189

Adrese: 189

Porții de ton cu boia 190

Porții: 4 190

Ingrediente: 190

Adrese: 190

Burgeri de pește Porții: 2 191

Ingrediente: 191

Adrese: 191

Scoițe prăjite cu miere Porții: 4 192

Ingrediente: 192

Adrese: 192

File de cod cu ciuperci Shiitake Porții: 4 194

Ingrediente: 194

Adrese: 194

Porții de biban alb la grătar: 2 196

Ingrediente: 196

Adrese: 196

Merluciu de roșii la cuptor 198

Porții: 4-5 198

Ingrediente: 198

Adrese: 198

Eglefin înăbușit cu sfeclă Porții: 4 200

Ingrediente: 200

Porții de Sense Ton Melt 202

Porții: 4 202

Ingrediente: 202

Adrese: 202

Lămâie Somon cu Kaffir Lime 204

Porții: 8 204

Ingrediente: 204

Adrese: 204

Somon fraged in sos de mustar 206

Porții: 2 206

Ingrediente: 206

Adrese: 206

Porții de salată de crab 208

Porții: 4 208

Ingrediente: 208

Adrese: 208

Somon copt cu sos miso Porții: 4 209

Ingrediente: 209

Adrese: 209

Cod la cuptor cu ierburi și miere 211

Porții: 2 211

Ingrediente: 211

Adrese: 211

Mix de cod parmezan Porții: 4 213

Ingrediente: 213

Adrese: 213

Porții de creveți crocanți cu usturoi: 4 214

Ingrediente: 214

Adrese: 214

Amestecul cremos de biban de mare Porții: 4 215

Ingrediente: 215

Adrese: 215

Porții de castraveți Ahi Poke: 4 216

Ingrediente: 216

Mix de cod de mentă Porții: 4 218

Ingrediente: 218

Adrese: 218

Orez cu creveți și unt de lămâie Porții: 3

Timp de preparare: 10 minute

Ingrediente:

¼ de cană de orez sălbatic fiert

½ linguriță de unt, împărțit

¼ lingurita ulei de masline

1 cană de creveți cruzi, decojiți, devenați și scurși ¼ de cană de mazăre congelată, dezghețați, clătiți și scurși

1 lingura. suc de lamaie proaspat stors

1 lingura. arpagic, tocat

Un praf de sare de mare, dupa gust

Adrese:

1. Se toarnă ¼ linguriță. Puneti untul si uleiul intr-un wok la foc mediu. Adăugați creveții și mazărea. Se calesc până când creveții devin roz coral, aproximativ 5 până la 7

minute.

2. Adăugați orezul sălbatic și gătiți până se încălzește; se asezoneaza cu sare si unt.

3. Transferați pe o farfurie. Se presara deasupra arpagic si zeama de lamaie.

A se prezenta, frecventa.

Informatii nutritionale:Calorii 510 Carbohidrați: 0 g Grăsimi: 0 g Proteine: 0 g

Creveți lămâi la cuptor cu dovlecel și porumb

Porții: 4

Timp de preparare: 20 de minute

Ingrediente:

1 lingura ulei de masline extravirgin

2 dovlecei mici, tăiați cubulețe de ¼ inch

1 cană boabe de porumb congelate

2 ceai, feliați subțiri

1 lingurita sare

½ linguriță de chimen măcinat

½ linguriță pudră de chili chipotle

1 kilogram de creveți decojiți, decongelați dacă este necesar

1 lingură coriandru proaspăt tocat mărunt

Zest și suc de 1 lime

Adrese:

1. Preîncălziți cuptorul la 400 ° F. Ungeți tava de copt cu ulei.

2. Pe foaia de copt, combinați dovlecelul, porumbul, ceapa, sarea, chimenul și pudra de chili și amestecați bine. Aranjați într-un singur strat.

3. Adăugați creveții deasupra. Se prăjește în 15 până la 20 de minute.

4. Adăugați coriandru și coaja și sucul de lămâie, amestecați pentru a se combina și serviți.

<u>Informatii nutritionale:</u>Calorii 184 Grăsimi totale: 5 g Carbohidrați totale: 11 g Zahar: 3 g Fibre: 2 g Proteine: 26 g Sodiu: 846 mg

Porții de supă de conopidă

Porții: 10

Timp de preparare: 10 minute

Ingrediente:

¾ cană de apă

2 lingurite ulei de masline

1 ceapa taiata cubulete

1 cap de conopida, numai buchetele

1 cutie de lapte de cocos integral

1 lingurita turmeric

1 lingurita de ghimbir

1 lingurita miere cruda

Adrese:

1. Puneți toate fixările într-o oală mare și fierbeți aproximativ 10 minute.

2. Folosește un blender de imersie pentru a amesteca și a netezi supa.

A se prezenta, frecventa.

Informatii nutritionale:Carbohidrați totale: 7 g Fibre alimentare: 2 g

Carbohidrați neți: Proteine: 2 g Grăsimi totale: 11 g Calorii: 129

Burger cu cartofi dulci și fasole neagră Porții: 6

Timp de preparare: 10 minute

Ingrediente:

1/2 jalapeno, fără sămânță și tăiat cubulețe

1/2 cană quinoa

6 chifle de hamburger din grau integral

1 cutie de fasole neagra, clatita si scursa

Ulei de măsline/ulei de cocos, pentru gătit

1 cartof dulce

1/2 cană ceapă roșie, tăiată cubulețe

4 linguri de faina de ovaz fara gluten

2 catei de usturoi, tocati

2 lingurițe condiment cajun picant

1/2 cană coriandru tocat

1 lingurita chimen

Coles

Sarat la gust

Piper dupa gust

Pentru crema:

2 linguri coriandru tocat

1/2 avocado copt, taiat cubulete

4 linguri smântână cu conținut scăzut de grăsimi/iaurt grecesc simplu 1 linguriță suc de lămâie

Adrese:

1. Clătiți quinoa sub jet de apă rece. Pune o cană de apă într-o cratiță și încălzi-o. Adăugați quinoa și aduceți la fierbere.

2. Acoperiți, apoi fierbeți până când toată apa s-a absorbit, aproximativ 15 minute.

3. Opriți focul și pufăiți quinoa cu o furculiță. Apoi transferați quinoa într-un bol și lăsați să se răcească timp de 5-10 minute.

4. Înțepați cartoful cu o furculiță și apoi puneți-l la microunde pentru câteva minute, până când este complet fiert și moale. Odată fiert, curățați cartofii și lăsați-l să se răcească.

5. Adăugați cartofii fierți într-un robot de bucătărie împreună cu 1 cutie de fasole neagră, ½ cană de coriandru tocat, 2 lingurițe de condimente cajun, ½

ceasca de ceapa tocata, 1 lingurita de chimen si 2 catei de usturoi tocati.

Pulsați până obțineți un amestec omogen. Transferați într-un bol și adăugați quinoa fiartă.

6. Adăugați făină de ovăz/tărâțe de ovăz. Se amestecă bine și se formează 6 burgeri. Pune empanadas pe o foaie de copt și dai la frigider pentru aproximativ o jumătate de oră.

7. Adăugați toate ingredientele pentru cremă într-un robot de bucătărie. Pulsați până la omogenizare. Ajustați sarea după gust și dați la frigider.

8. Se unge o tigaie cu ulei si se incinge la foc mediu.

Gatiti fiecare parte a burgerilor pana se rumenesc usor, doar 3-4 minute.

Serviți cu smântână, germeni, chifle și împreună cu oricare dintre toppingurile preferate.

Informatii nutritionale: 206 calorii 6 g grăsimi 33,9 g carbohidrați totali 7,9 g proteine

Porții de supă de ciuperci și nucă de cocos

Porții: 3

Timp de preparare: 10 minute

Ingrediente:

1 lingura ulei de cocos

1 lingura de ghimbir macinat

1 cana ciuperci cremini, tocate

½ linguriță de turmeric

2 căni și jumătate de apă

½ cană lapte de cocos conservat

Sare de mare dupa gust

Adrese:

1. Încinge uleiul de cocos la foc mediu într-o oală mare și adaugă ciupercile. Gatiti 3-4 minute.

2. Puneți restul fixărilor și fierbeți. Se lasa sa fiarba 5 minute.

3. Împărțiți între trei boluri de supă și bucurați-vă!

Informatii nutritionale:Carbohidrați totale 4 g Fibre alimentare: 1 g Proteine: 2 g Grăsimi totale: 14 g Calorii: 143

Salată de fructe în stil de iarnă

Porții: 6

Timp de preparare: 0 minute

Ingrediente:

4 cartofi dulci fierți, cuburi (cuburi de 1 inch) 3 pere, cuburi (cuburi de 1 inch)

1 cană de struguri, tăiați în jumătate

1 mar cubulete

½ cană jumătăți de nucă

2 linguri ulei de masline

1 lingura otet de vin rosu

2 linguri miere cruda

Adrese:

1. Amesteca uleiul de masline, otetul de vin rosu, apoi mierea cruda pentru a face dressingul si punem deoparte.

2. Combinați fructele tocate, cartofii dulci și jumătățile de nucă și împărțiți-le în șase boluri de servire. Stropiți fiecare castron cu dressing.

Informatii nutritionale:Carbohidrați totale 40 g Fibre alimentare: 6 g Proteine: 3 g Grăsimi totale: 11 g Calorii: 251

Pulpe de pui prăjite cu miere și morcovi Porții: 4

Timp de preparare: 50 de minute

Ingrediente:

2 linguri de unt nesarat, la temperatura camerei 3 morcovi mari, feliati subtiri

2 catei de usturoi, tocati

4 pulpe de pui cu os si piele

1 lingurita sare

½ lingurita rozmarin uscat

¼ de lingurita piper negru proaspat macinat

2 linguri de miere

1 cană bulion de pui sau bulion de legume

Felii de lamaie, pentru a servi

Adrese:

1. Preîncălziți cuptorul la 400 ° F. Ungeți tava de copt cu unt.

2. Aranjați morcovii și usturoiul într-un singur strat pe tava de copt.

3. Așezați pielea de pui deasupra legumelor și asezonați cu sare, rozmarin și piper.

4. Se pune mierea deasupra si se adauga bulionul.

5. Se prăjește în 40 până la 45 de minute. Scoateți și lăsați să se odihnească 5

minute și serviți cu felii de lămâie.

Informatii nutritionale:Calorii 428 Grăsimi totale: 28 g Carbohidrați totale: 15 g Zahar: 11 g Fibre: 2 g Proteine: 30 g Sodiu: 732 mg

Porții de chili de curcan

Porții: 8

Timp de gătire: 4 ore și 10 minute.

Ingrediente:

1 kilogram de curcan măcinat, de preferință slab 99%.

2 conserve de fasole, clătită și scursă (15 oz fiecare) 1 ardei gras roșu, tocat

2 conserve de sos de rosii (15 oz fiecare)

1 borcan de ardei jalapeno domestici feliați, scurs (16 oz) 2 conserve de roșii mici, tăiate cubulețe (15 oz fiecare) 1 lingură de chimen

1 ardei gras galben, tocat grosier

2 conserve de fasole neagră, de preferință clătită și scursă (15 oz fiecare) 1 cană de porumb, congelată

2 linguri praf de chili

1 lingura ulei de masline

Piper negru și sare după gust

1 ceapă medie, tăiată cubulețe

Ceapa verde, avocado, branza rasa, iaurt grecesc/smantana, deasupra, optional

Adrese:

1. Încinge uleiul până se încinge într-o tigaie mare. Odată gata, puneți cu grijă curcanul în tigaia încinsă și gătiți până se rumenește. Turnați curcanul în fundul aragazului dvs. lent, de preferință 6 litri.

2. Adăugați jalapenos, porumbul, ardeiul gras, ceapa, roșiile tăiate cubulețe, sosul de roșii, fasolea, chimenul și pudra de chili. Se amestecă, apoi se adaugă piper și sare după gust.

3. Acoperiți și gătiți timp de 6 ore la foc mic sau 4 ore la foc mare.

Serviți cu toppinguri opționale și bucurați-vă.

Informatii nutritionale:kcal 455 Grăsimi: 9 g Fibre: 19 g Proteine: 38 g

Supă de linte condimentată

Porții: 5

Timp de gătire: 25 minute

Ingrediente:

1 cana ceapa galbena (taiata cubulete)

1 cana morcov (taiat cubulete)

1 cană nap

2 linguri ulei de masline extravirgin

2 linguri de otet balsamic

4 căni de spanac baby

2 cani de linte maro

¼ cană pătrunjel proaspăt

Adrese:

1. Preîncălziți oala sub presiune la foc mediu și adăugați ulei de măsline și legume.

2. După 5 minute, adăugați bulionul, lintea și sarea în oală și fierbeți timp de 15 minute.

3. Scoateți capacul și adăugați spanacul și oțetul.

4. Amestecați supa timp de 5 minute și stingeți focul.

5. Ornează cu pătrunjel proaspăt.

Informatii nutritionale:Calorii 96 Carbohidrați: 16 g Grăsimi: 1 g Proteine: 4 g

Pui cu usturoi și legume

Porții: 4

Timp de gătire: 45 de minute

Ingrediente:

2 lingurite ulei de masline extravirgin

1 praz, doar partea albă, feliat subțire

2 dovlecei mari, tăiați în felii de ¼ inch

4 piept de pui cu os si piele

3 catei de usturoi, tocati

1 lingurita sare

1 lingurita oregano uscat

¼ de lingurita piper negru proaspat macinat

½ cană de vin alb

Suc de 1 lămâie

Adrese:

1. Preîncălziți cuptorul la 400 ° F. Ungeți tava de copt cu ulei.

2. Pune prazul și dovlecelul pe tava de copt.

3. Puneți pielea de pui în sus și stropiți cu usturoi, sare, oregano și piper. Adăugați vinul.

4. Se prăjește în 35 până la 40 de minute. Scoateți și lăsați să se odihnească timp de 5 minute.

5. Adăugați sucul de lămâie și serviți.

Informatii nutritionale:Calorii 315 Grăsimi totale: 8 g Carbohidrați totale: 12 g Zahăr: 4 g Fibre: 2 g Proteine: 44 g Sodiu: 685 mg

Porții de salată de somon afumat: 4

Timp de preparare: 20 de minute

Ingrediente:

2 bulbi de fenicul pentru bebeluși, feliați subțiri, câteva frunze rezervate 1 lingură de capere pentru bebeluși sărate, clătite și scurse ½ cană de iaurt simplu

2 linguri patrunjel tocat

1 lingura suc de lamaie proaspat stors

2 linguri arpagic proaspat tocat

1 lingura tarhon proaspat tocat

180 g somon afumat, feliat, sărac în sare

½ ceapă roșie, feliată subțire

1 lingurita coaja de lamaie rasa fin

½ cană linte verde franceză, clătită

60 g baby spanac proaspăt

½ avocado, feliat

Un praf de zahar pudra

Adrese:

1. Puneti apa intr-o cratita mare cu apa si aduceti la fiert la foc moderat. Odată fiert; gătiți lintea până se înmoaie, 20 de minute; se scurge bine.

2. Între timp, încingeți în avans o tigaie de cărbune la foc mare.

Stropiți feliile de fenicul cu puțin ulei și gătiți până se înmoaie, timp de 2 minute pe fiecare parte.

3. Procesați arpagicul, pătrunjelul, iaurtul, tarhonul, coaja de lămâie și caperele într-un robot de bucătărie până la omogenizare completă, apoi condimentați cu piper după gust.

4. Puneți ceapa cu zahărul, sucul și un praf de sare într-un castron mare. Lăsați-l să stea câteva minute și apoi scurgeți-l.

5. Combinați lintea cu ceapa, feniculul, avocado și spanacul într-un castron mare. Împărțiți uniform în farfurii și apoi acoperiți cu pește. Se presară cu frunzele de fenicul rămase și mai mult pătrunjel proaspăt. Stropiți cu dressing verde de zeiță. Bucurați-vă.

<u>Informatii nutritionale:</u>kcal 368 Grăsimi: 14 g Fibre: 8 g Proteine: 20 g

Porții de salată de fasole și shawarma: 2

Timp de preparare: 20 de minute

Ingrediente:

Pentru a pregăti salata

20 chipsuri pita

5 uncii salată verde de primăvară

10 roșii cherry

¾ cană pătrunjel proaspăt

¼ cana ceapa rosie (tocata)

Pentru năut

1 lingura ulei de masline

1 lingura chimen si turmeric

½ lingură boia de ardei și pudră de coriandru 1 praf de piper negru

½ putina sare kosher

¼ de lingura de ghimbir si scortisoara pudra

Pentru a pregăti dressingul

3 catei de usturoi

1 lingură burghiu uscat

1 lingura suc de lamaie

Apă

½ cană de hummus

Adrese:

1. Puneți un grătar în cuptorul preîncălzit (204C). Se amestecă năutul cu toate condimentele și ierburile.

2. Asezati un strat subtire de naut pe foaia de copt si coaceti aproape 20 de minute. Coaceți până când fasolea devine maro aurie.

3. Pentru a pregăti dressingul, combinați toate ingredientele într-un castron și amestecați. Adăugați apă treptat pentru a obține o moliciune adecvată.

4. Amestecați toate ierburile și condimentele pentru a pregăti salata.

5. Pentru a servi, adăugați chipsuri pita și fasole în salată și stropiți cu niște dressing.

Informatii nutritionale:Calorii 173 Carbohidrați: 8 g Grăsimi: 6 g Proteine: 19 g

Porții de orez prăjit cu ananas

Porții: 4

Timp de preparare: 20 de minute

Ingrediente:

2 morcovi, curatati si rasi

2 cepe verde, feliate

3 linguri sos de soia

1/2 cana sunca taiata cubulete

1 lingura ulei de susan

2 căni de ananas conservat/proaspăt, tăiat cubulețe

1/2 lingurita pudra de ghimbir

3 căni de orez brun fiert

1/4 lingurita piper alb

2 linguri ulei de masline

1/2 cană mazăre congelată

2 catei de usturoi, tocati

1/2 cană porumb congelat

1 ceapa taiata cubulete

Adrese:

1. Pune într-un castron 1 lingură ulei de susan, 3 linguri sos de soia, 2 vârfuri de piper alb și 1/2 linguriță pudră de ghimbir. Se amestecă bine și se rezervă.

2. Preîncălziți uleiul într-o tigaie. Adăugați usturoiul împreună cu ceapa tocată.

Gatiti aproximativ 3-4 minute, amestecand des.

3. Adăugați 1/2 cană de mazăre congelată, morcovi mărunțiți și 1/2 cană de porumb congelat.

Se amestecă până când legumele sunt fragede, doar câteva minute.

4. Adăugați amestecul de sos de soia, 2 căni de ananas tocat, ½ cană de șuncă tocată, 3 căni de orez brun fiert și ceapă verde feliată.

Gatiti aproximativ 2-3 minute, amestecand des. A se prezenta, frecventa!

Informatii nutritionale:252 calorii 12,8 g grasimi 33 g carbohidrati totali 3 g proteine

Porții de supă de linte

Porții: 2

Timp de preparare: 30 minute

Ingrediente:

2 morcovi, medii si taiati cubulete

2 linguri. Suc de lamaie, proaspat

1 lingura. Praf de turmeric

1/3 cană linte fiartă

1 lingura. Migdale tocate

1 tulpină de țelină, tăiată cubulețe

1 legatura de patrunjel proaspat tocat

1 ceapa galbena, mare si tocata

Piper negru proaspăt măcinat

1 pastarnac, mediu si tocat

½ linguriță de chimen pudră

3 ½ căni de apă

½ linguriță sare roz de Himalaya

4 frunze de kale, tocate grosier

Adrese:

1. Pentru început, pune morcovii, păstârnacul, o lingură de apă și ceapa într-o cratiță medie la foc mediu.

2. Gatiti amestecul de legume timp de 5 minute amestecand din cand in cand.

3. Apoi adăugați lintea și condimentele. Combinați bine.

4. După aceea, turnați apă în oală și fierbeți amestecul.

5. Acum, reduceți focul la mic și lăsați să fiarbă 20 minute.

6. Opriți focul și luați de pe foc. Adăugați varza kale, sucul de lămâie, pătrunjelul și sarea.

7. Apoi, amestecați bine până când totul se îmbină.

8. Acoperiți cu migdale și serviți fierbinți.

Informatii nutritionale:Calorii: 242 Kcal Proteine: 10 g Carbohidrați: 46 g Grăsimi: 4 g

Salată delicioasă de ton feliat

Porții: 2

Timp de preparare: 15 minute

Ingrediente:

2 cutii de ton ambalate în apă (5 oz fiecare), scursă ¼ de cană de maioneză

2 linguri busuioc proaspăt tocat

1 lingura suc de lamaie proaspat stors

2 linguri ardei rosii copti la foc, tocat ¼ cana kalamata sau masline amestecate, tocate

2 roșii mari coapte pe viță de vie

1 lingura capere

2 linguri ceapa rosie tocata

Piper si sare dupa gust

Adrese:

1. Adăugați toate articolele (cu excepția roșiilor) într-un castron mare; Se amestecă bine ingredientele până se combină bine.

Tăiați roșiile în șase și apoi deschideți-le cu grijă. Puneți amestecul de salată de ton preparat în mijloc; Serviți imediat și savurați.

Informatii nutritionale:kcal 405 Grăsimi: 24 g Fibre: 3,2 g Proteine: 37 g

Aioli cu ouă

Porții: 12

Timp de preparare: 0 minute

Ingrediente:

2 galbenusuri de ou

1 usturoi ras

2 linguri. apă

½ cană ulei de măsline extravirgin

¼ cană suc de lămâie, proaspăt stors, semințele îndepărtate ¼ linguriță. sare de mare

Un praf de piper cayenne pudră

Un praf de piper alb, dupa gust

Adrese:

1. Turnați usturoiul, gălbenușurile, sarea și apa în blender; procesați până la omogenizare. Adăugați ulei de măsline într-un flux lent până când dressingul se emulsionează.

2. Adăugați ingredientele rămase. Aromă; ajustați condimentele dacă este necesar.

Se toarnă într-un recipient ermetic; utilizați după cum este necesar.

Informatii nutritionale:Calorii 100 Carbohidrați: 1 g Grăsimi: 11 g Proteine: 0 g

Spaghete cu sos de ciuperci și ierburi

Ingrediente:

200 grame / 6,3 oz aproximativ o porție mare dintr-un pachet de spaghete subțiri de grâu *

140 de grame de ciuperci tăiate și curățate 12-15 bucăți*

¼ cană smântână

3 căni de lapte

2 linguri de ulei de măsline pentru gătit plus încă 2 lingurițe de ulei sau margarină, amestecate pentru a include 1,5 linguri de făină în jumătate

½ cană ceapă tocată

¼ până la ½ cană de brânză cheddar parmezan măcinată crocant

Câteva bucăți de piper negru

Sarat la gust

2 lingurite de cimbru uscat sau nou*

O grămadă de frunze noi de busuioc chiffonade

Adrese:

1. Gătiți pastele încă oarecum tare conform instrucțiunilor de pe ambalaj.

2. În timp ce pastele se gătesc, trebuie să începem să facem sosul.

3. Încinge cele 3 căni de lapte la cuptorul cu microunde timp de 3 minute sau pe aragaz până se înăbușă.

4. În același timp, încălziți 2 linguri de ulei într-un recipient antiaderent la foc mediu-mare și gătiți ciupercile tăiate. Gatiti aproximativ 2

minute.

5. De la început, ciupercile vor deversa puțină apă, apoi se va evapora pe termen lung și devin proaspete fiecare.

6. Apoi, reduceți focul la mediu, adăugați ceapa și gătiți 1 moment.

7. Acum adăugați 2 lingurițe de tartinat moale și stropiți cu puțină făină.

8. Se amestecă timp de 20 de secunde.

9. Adăugați laptele cald, amestecând continuu pentru a forma un sos omogen.

10. Când sosul se îngroașă, adică se transformă într-o tocană, stingeți focul.

11. Acum includeți ¼ de cană de brânză cheddar parmezan măcinată. Se amestecă până la omogenizare. Timp de 30 de secunde.

12. Acum adăugați sarea, piperul și cimbru.

13. Fă un test. Modificați aroma dacă este necesar.

14. Între timp, pasta ar trebui să fie încă oarecum fermă.

15. Strecurați apa caldă într-o strecurătoare. Țineți robinetul deschis și turnați apă rece pentru a opri gătitul, canalizați toată apa și turnați-o cu sosul.

16. Daca nu mananci repede, nu amesteca pastele cu sosul. Tine pastele separate, acoperite cu ulei si asigurate.

17. Serviți fierbinte cu mai multe stropi de brânză cheddar parmezan.

Multumesc!

Supă miso cu orez brun și shitake cu arpagic

Porții: 4

Timp de gătire: 45 de minute

Ingrediente:

2 linguri ulei de susan

1 cană capace de ciuperci shiitake feliate subțiri

1 catel de usturoi, tocat

1 bucată (1½ inch) de ghimbir proaspăt, decojit și feliat 1 cană de orez brun cu bob mediu

½ lingurita sare

1 lingura miso alb

2 ceai, feliați subțiri

2 linguri coriandru proaspăt tocat măruntAdrese:

1. Încinge uleiul la foc mediu-mare într-o oală mare.

2. Adăugați ciupercile, usturoiul și ghimbirul și căliți până când ciupercile încep să se înmoaie, aproximativ 5 minute.

3. Adăugați orezul și amestecați pentru a acoperi uniform uleiul. Adăugați 2 căni de apă și sare și fierbeți.

4. Gatiti la foc mic timp de 30 pana la 40 de minute. Utilizați puțin bulion de supă pentru a înmuia miso-ul, apoi amestecați-l în oală până se omogenizează bine.

5. Amestecați ceapa verde plus coriandru și serviți.

Informatii nutritionale:Calorii 265 Grăsimi totale: 8 g Carbohidrați totale: 43 g Zahăr: 2 g Fibre: 3 g Proteine: 5 g Sodiu: 456 mg

Pastrav de mare la gratar cu sos de usturoi si patrunjel

Porţii: 8

Timp de gătire: 25 minute

Ingrediente:

3 ½ kilograme file de păstrăv, de preferinţă păstrăv de mare, fără os şi piele

4 catei de usturoi, taiati felii subtiri

2 linguri capere, tocate grosier

½ cană frunze de pătrunjel proaspăt cu frunze plate

1 ardei iute roşu, de preferinţă lung; felii subţiri 2 linguri suc de lămâie, proaspăt stors ½ cană ulei de măsline

Felii de lamaie, pentru a servi

Adrese:

1. Ungeţi păstrăvul cu aproximativ 2 linguri ulei; Asiguraţi-vă că toate părţile sunt bine acoperite. Preîncălziţi grătarul la foc mare, de preferinţă cu hota închisă. Reduceţi căldura la mediu; Aşezaţi păstrăvul aluat pe farfuria de grătar, de preferinţă pe partea de piele. Gătiţi până când este parţial gătit şi

devine maro auriu, câteva minute. Întoarceți cu grijă păstrăvul; gătiți până la fiert, 12 până la 15 minute, cu hota închisă. Transferați friptura pe un platou mare de servire.

2. Între timp, încălziți uleiul rămas; fierbeți usturoiul într-o cratiță mică până se încălzește; usturoiul începe să-și schimbe culoarea. Scoateți, apoi adăugați caperele, sucul de lămâie și chili.

Stropiți păstrăvul cu dressingul pregătit și apoi stropiți cu frunzele de pătrunjel proaspăt. Serviți imediat cu felii de lămâie proaspătă, bucurați-vă.

Informatii nutritionale:kcal 170 Grăsimi: 30 g Fibre: 2 g Proteine: 37 g

Wraps cu năut cu conopidă Ingrediente:

1 ghimbir proaspăt

2 catei de usturoi

1 conserve de năut

1 ceapa rosie

8 uncii buchețe de conopidă

1 lingurita Garam Masala

2 linguri amidon de arrowroot

1 lămâie

1 pachet de coriandru proaspăt

1/4 cană iaurt vegan

4 împachetări

3 linguri de nucă de cocos rasă

4 uncii de spanac pentru copii

1 lingura ulei vegetal

1 lingurita sare si piper dupa gust

Adrese:

1. Preîncălziți aragazul la 400°F (205°C). Curățați și tăiați 1 linguriță de ghimbir. Tăiați usturoiul. Canalizați și spălați năutul. Curățați și tocați grosier ceapa roșie. Împărțiți lămâia.

2. Acoperiți o plită cu 1 lingură de ulei vegetal. Într-un castron mare, combinați ghimbirul tocat, usturoiul, sucul unei porții mari de lămâie, năutul, ceapa roșie tocată, buchețele de conopidă, garam masala, amidonul de săgeată și 1/2 linguriță de sare. Transferați în tava de pregătire și prăjiți alimentele până când conopida este fragedă și sotă pe alocuri, aproximativ 20 până la 25 de minute.

3. Tăiați frunzele de coriandru și tulpinile delicate. Într-un castron mic, amestecați coriandru, iaurtul, 1 lingură suc de lămâie și un praf de sare și piper.

4. Tapetați ambalajele cu folie de aluminiu și puneți-le pe aragaz să se încălzească timp de 3 până la 4 minute.

5. Puneți o tigaie mică antiaderentă la foc mediu și includeți nuca de cocos mărunțită. Pâine prăjită, scuturând vasul în mod regulat până când este fin gătit, aproximativ 2 până la 3 minute.

6. Așezați puiul de spanac și verdeața fiartă între ambalajele fierbinți. Asezati rulourile de conopida si naut pe farfurii mari si stropiti cu sosul de coriandru, stropiti cu nuca de cocos prajita.

Supă cu tăiței de hrișcă

Porții: 4

Timp de gătire: 25 minute

Ingrediente:

2 cani de Bok Choy, tocat

3 linguri Tamari

3 pachete taitei din hrisca

2 cani de fasole Edamame

7 oz. Ciuperci shiitake, tocate

4 căni de apă

1 lingurita de ghimbir ras

Vârf de cuțit de sare

1 catel de usturoi ras

Adrese:

1. Mai întâi, puneți apa, ghimbirul, sosul de soia și usturoiul într-o cratiță medie la foc mediu.

2. Fierbeți amestecul de ghimbir și sos de soia și apoi adăugați edamame și shiitake.

3. Continuați să gătiți încă 7 minute sau până când se înmoaie.

4. În continuare, gătiți tăițeii soba urmând Instrucțiunile: de pe ambalaj până sunt fierți. Se spala si se scurge bine.

5. Acum, adăugați bok choy la amestecul de shiitake și gătiți încă un minut sau până când bok choy se înmoaie.

6. La final, împărțiți tăițeii soba între boluri și acoperiți cu amestecul de ciuperci.

<u>Informatii nutritionale:</u>Calorii: 234 KcalProteine: 14,2 g Carbohidrați: 35,1 g Grăsimi: 4 g

Porții ușoare de salată de somon

Porții: 1

Timp de preparare: 0 minute

Ingrediente:

1 cană rucola organică

1 conserve de somon sălbatic

½ avocado, feliat

1 lingura ulei de masline

1 lingurita mustar de Dijon

1 lingurita sare de mare

Adrese:

1. Începeți prin a amesteca într-un castron uleiul de măsline, muștarul de Dijon și sarea de mare pentru a face dressingul. Pus deoparte.

2. Asamblați salata cu rucola ca bază și acoperiți cu somonul și avocado feliat.

3. Stropiți cu pansament.

Informatii nutritionale: Total carbohidrati 7 g Fibre alimentare: 5 g Proteine: 48 g Grasimi totale: 37 g Calorii: 553

Porții de supă de legume

Porții: 4

Timp de gătire: 40 de minute

Ingrediente:

1 lingura. Ulei de cocos

2 cesti varza varza tocata

2 tulpini de telina, taiate cubulete

½ din 15 oz. cutie de fasole alba, scursa si clatita 1 ceapa, mare si taiata cubulete

¼ lingurita piper negru

1 morcov mediu, tăiat cubulețe

2 cani de conopida, taiata buchetele

1 linguriță Turmeric, măcinat

1 lingurita sare de mare

3 catei de usturoi, tocati

6 căni de bulion de legume

Adrese:

1. Pentru început, încălziți uleiul într-o oală mare la foc mediu-mic.

2. Adăugați ceapa în oală și căleți timp de 5 minute sau până se înmoaie.

3. Puneti morcovul plus telina in oala si continuati sa gatiti inca 4 minute sau pana cand legumele se inmoaie.

4. Acum, adăugați în amestec turmeric, usturoi și ghimbir. Amesteca bine.

5. Gatiti amestecul de legume timp de 1 minut sau pana cand este parfumat.

6. Apoi, turnați bulionul de legume împreună cu sare și piper și aduceți amestecul la fiert.

7. Dupa ce incepe sa fiarba adaugam conopida. Reduceți căldura și fierbeți amestecul de legume timp de 13 până la 15 minute sau până când conopida este fragedă.

8. În cele din urmă, adăugați fasolea și varza kale — Fierbeți în 2 minute.

9. Serviți-l fierbinte.

Informatii nutritionale:Calorii 192 Kcal Proteine: 12,6 g Carbohidrați: 24,6 g Grăsimi: 6,4 g

Porții de creveți cu usturoi și lămâie

Porții: 4

Timp de preparare: 15 minute

Ingrediente:

1 și ¼ de kilograme de creveți, fierți sau aburiți

3 linguri de usturoi tocat

¼ cană suc de lămâie

2 linguri ulei de masline

¼ cană pătrunjel

Adrese:

1. Luați o tigaie mică și puneți-o la foc mediu, adăugați usturoiul și uleiul și gătiți, amestecând, timp de 1 minut.

2. Adauga patrunjelul, zeama de lamaie si asezoneaza cu sare si piper dupa caz.

3. Adăugați creveții într-un castron mare și transferați amestecul în tigaie peste creveți.

4. Se răcește și se servește.

Informatii nutritionale:Calorii: 130 Grăsimi: 3 g Carbohidrați: 2 g Proteine: 22 g

Piept cu branza albastra

Porții: 6

Timp de preparare: 8 ore. 10 minute

Ingrediente:

1 cană de apă

1/2 lingura pasta de usturoi

1/4 cană sos de soia

1 ½ lb. piept corned beef

1/3 lingurita coriandru macinat

1/4 lingurita cuisoare macinate

1 lingura ulei de masline

1 șalotă tocată

2 uncii. brânză albastră, măruntită

spray de gatit

Adrese:

1. Puneți o tigaie la foc moderat și adăugați ulei la căldură.

2. Adăugați șalota și amestecați și gătiți timp de 5 minute.

3. Adăugați pasta de usturoi și gătiți timp de 1 minut.

4. Transferați în aragazul lent, uns cu spray de gătit.

5. Așezați pieptul în aceeași tigaie și prăjiți până se rumenește pe ambele părți.

6. Transferați carnea în aragazul lent împreună cu alte ingrediente, cu excepția brânzei.

7. Puneți capacul și gătiți timp de 8 ore. a fierbe.

8. Se ornează cu brânză și se servește.

Informatii nutritionale:Calorii 397, proteine 23,5 g, grăsimi 31,4 g, carbohidrați 3,9 g, fibre 0 g

Soba rece cu dressing miso

Ingrediente:

6 oz tăiței soba de hrișcă

1/2 cana morcovi tocati

1 cană edamame solidificat decojit, dezghețat 2 castraveți persani, tocați

1 cana coriandru tocat

1/4 cană semințe de susan

2 linguri de seminte de susan inchis la culoare

Sos alb miso (face 2 căni)

2/3 cană de lipici miso alb

Suc de 2 lămâi medii

4 linguri otet de orez

4 linguri de ulei de măsline virgin suplimentar

4 linguri de portocale stoarse

2 linguri de ghimbir macinat nou

2 linguri sirop de artar

Adrese:

1. Gătiți tăițeii soba conform instrucțiunilor de ambalaj (asigurați-vă că nu îi gătiți prea mult sau se vor lipi și vor rămâne împreună). Țevi bine și transferă într-un castron uriaș 2. Include morcovi, edamame, castraveți, coriandru și semințe de susan.

3. Pentru a pregăti dressingul, consolidează fiecare dintre elementele de fixare într-un blender. Se amestecă până la omogenizare

4. Se toarnă măsura dorită de dressing peste tăiței (am folosit aproximativ o cană și jumătate)

Bucăți de conopidă de bivoliță la cuptor

Porții: 2

Timp de gătire: 35 minute

Ingrediente:

¼ cană de apă

¼ cană făină de banane

Un praf de sare si piper

1 bucată medie de conopidă, tăiată în bucăți mici ½ cană sos iute

2 linguri de unt topit

Sos de brânză albastră sau ranch (opțional)

Adrese:

1. Preîncălziți cuptorul la 425 ° F. Între timp, tapetați o foaie de copt cu folie de aluminiu.

2. Combinați apa, făina și un praf de sare și piper într-un castron mare.

3. Amesteca bine pana se omogenizeaza bine.

4. Adăugați conopida; se amestecă pentru a se acoperi complet.

5. Transferați amestecul pe tava de copt. Coaceți 15 minute, întorcându-le o dată.

6. În timpul coacerii, combinați sosul iute și untul într-un castron mic.

7. Turnați sosul peste conopida coptă.

8. Introduceți conopida coptă la cuptor și mai coaceți timp de 20 minute.

9. Serviți imediat cu dressing ranch în lateral, dacă doriți.

Informatii nutritionale:Calorii: 168 Grăsimi Cal: 5,6 g Proteine: 8,4 g Carbohidrați: 23,8 g Fibre: 2,8 g

Pui la cuptor cu usturoi, busuioc și roșii Porții: 4

Timp de preparare: 30 minute

Ingrediente:

½ ceapă galbenă medie

2 linguri ulei de masline

3 catei de usturoi, tocati

1 cana busuioc (tocat lejer)

1 kilogram de piept de pui dezosat

14,5 uncii roșii italiene tocate

Sare piper

4 dovlecei medii (în spirală în tăiței) 1 lingură de ardei roșu măcinat

2 linguri ulei de masline

Adrese:

1. Bateți bucățile de pui cu o tigaie pentru gătit rapid. Presărați sare, piper și ulei peste bucățile de pui și marinați în mod egal ambele părți ale puiului.

2. Prăjiți bucățile de pui într-o tigaie mare fierbinte timp de 2-3 minute pe fiecare parte.

3. Se caleste ceapa in aceeasi tigaie pana devine aurie. Adăugați roșiile, frunzele de busuioc și usturoiul.

4. Fierbeti 3 minute si adaugati toate condimentele si puiul in tigaie.

5. Serviți-l pe farfurie împreună cu zoodle-urile picante.

Informatii nutritionale:Calorii 44 Carbohidrați: 7 g Grăsimi: 0 g Proteine: 2 g

Supă cremoasă de conopidă cu turmeric Porții: 4

Timp de preparare: 15 minute

Ingrediente:

2 linguri ulei de masline extravirgin

1 praz, doar partea albă, feliat subțire

3 cesti buchetele de conopida

1 catel de usturoi curatat de coaja

1 bucată (1¼ inch) de ghimbir proaspăt, curățat și tăiat felii 1½ linguriță de turmeric

½ lingurita sare

¼ de lingurita piper negru proaspat macinat

¼ linguriță de chimen măcinat

3 căni de bulion de legume

1 cana intreaga: lapte de cocos

¼ cană coriandru proaspăt tocat mărunt

Adrese:

1. Încinge uleiul la foc mare într-o oală mare.

2. Prăzește prazul în 3 până la 4 minute.

3. Pune conopida, usturoiul, ghimbirul, turmericul, sare, piper și chimen și se călește timp de 1 până la 2 minute.

4. Adăugați bulionul și fierbeți.

5. Gatiti la foc mic in 5 minute.

6. Se face piure supa cu un blender de imersie până se omogenizează.

7. Adăugați laptele de cocos și coriandru, încălziți și serviți.

<u>Informatii nutritionale:</u>Calorii 264 Grăsimi totale: 23 g Carbohidrați totale: 12 g Zahăr: 5 g Fibre: 4 g Proteine: 7 g Sodiu: 900 mg

Orez brun cu ciuperci, kale și cartofi dulci

Porții: 4

Timp de preparare: 50 de minute

Ingrediente:

¼ cană ulei de măsline extravirgin

4 cesti frunze de varza taiata grosier

2 praz, doar părți albe, feliate subțiri

1 cană ciuperci feliate

2 catei de usturoi, tocati

2 cani de cartofi dulci, decojiti si taiati cubulete de ½ inch 1 cana de orez brun

2 căni de bulion de legume

1 lingurita sare

¼ de lingurita piper negru proaspat macinat

¼ cană suc de lămâie proaspăt stors

2 linguri de patrunjel proaspat cu frunze plate tocat maruntAdrese:

1. Încinge uleiul la foc mare.

2. Adauga varza varza, prazul, ciupercile si usturoiul si se caleste pana se inmoaie, aproximativ 5 minute.

3. Adăugați cartofii dulci și orezul și puneți la sot aproximativ 3 minute.

4. Adăugați bulion, sare și piper și aduceți la fiert. Gatiti la foc mic intre 30 si 40

minute.

5. Combinați sucul de lămâie și pătrunjelul, apoi serviți.

Informatii nutritionale:Calorii 425 Grăsimi: 15 g Carbohidrați totale: 65 g Zahăr: 6 g Fibre: 6 g Proteine: 11 g Sodiu: 1045 mg

Reteta de tilapia la cuptor cu topping de nuca si rozmarin

Porţii: 4

Timp de preparare: 20 de minute

Ingrediente:

4 file de tilapia (4 uncii fiecare)

½ linguriță zahăr brun sau zahăr din palmier de cocos 2 lingurițe rozmarin proaspăt tocat

1/3 cană nuci pecan crude, tocate

Un praf de piper cayenne

1 ½ linguriță ulei de măsline

1 albus mare

1/8 lingurita sare

1/3 cană pesmet panko, de preferință grâu integral<u>Adrese:</u>

1. Încinge cuptorul la 350 F.

2. Aruncați nucile cu pesmetul, zahărul de palmier de cocos, rozmarinul, piperul cayenne și sarea într-o tavă mică de copt. Adăugați ulei de măsline; scutura.

3. Coaceți timp de 7 până la 8 minute, până când amestecul devine ușor auriu.

4. Setați căldura la 400 F și acoperiți un vas mare de sticlă pentru copt cu spray de gătit.

5. Bateți albușul într-un vas puțin adânc. Lucrați în loturi; Înmuiați peștele (câte o tilapia odată) în albuș de ou, apoi ungeți ușor cu amestecul de nuci. Puneți fileurile acoperite în tava de copt.

6. Apăsați amestecul de nuci rămase pe fileuri de tilapia.

7. Coaceți în 8 până la 10 minute. Serviți imediat și savurați.

Informatii nutritionale:kcal 222 Grăsimi: 10 g Fibre: 2 g Proteine: 27 g

Wrap cu tortilla de fasole neagră

Porții: 2

Timp de preparare: 0 minute

Ingrediente:

¼ cană de porumb

1 mână de busuioc proaspăt

½ cană rucola

1 lingura drojdie nutritiva

¼ cană fasole neagră conservată

1 piersică feliată

1 lingurita suc de lamaie

2 tortilla fara gluten

Adrese:

1. Împărțiți fasolea, porumbul, rucola și piersicile între cele două tortilla.

2. Acoperiți fiecare tortilla cu jumătate din busuioc proaspăt și suc de lămâie.<u>Informatii nutritionale:</u>Carbohidrați totale 44 g Fibre alimentare: 7 g Proteine: 8 g Grăsimi totale: 1 g Calorii: 203

Pui cu fasole albă cu verdeață de iarnă

Porții: 8

Timp de gătire: 45 de minute

Ingrediente:

4 catei de usturoi

1 lingura ulei de masline

3 păstârnac mediu

1 kg pui în cuburi mici

1 lingurita chimen praf

2 scurgeri si 1 bucata verde

2 morcovi (taiati cubulete)

1 ¼ fasole albă (înmuiată peste noapte)

½ linguriță de oregano uscat

2 lingurite sare kosher

Frunze de coriandru

1 1/2 linguri chiles ancho macinat

Adrese:

1. Gatiti usturoiul, prazul, puiul si uleiul de masline intr-o oala mare la foc mediu timp de 5 minute.

2. Acum adăugați morcovii și păstârnacul, iar după ce am amestecat timp de 2 minute, adăugați toate ingredientele de condiment.

3. Amesteca pana incepe sa iasa parfumat.

4. Acum adăugați fasole și 5 căni de apă în oală.

5. Se aduce la fierbere și se reduce focul.

6. Se lasa sa fiarba aproape 30 de minute si se decoreaza cu patrunjel si frunze de coriandru.

Informatii nutritionale:Calorii 263 Carbohidrați: 24 g Grăsimi: 7 g Proteine: 26 g

Somon copt cu ierburi

Porții: 2

Timp de preparare: 15 minute

Ingrediente:

10 uncii. File de somon

1 lingurita ulei de masline

1 lingurita Miere

1 lingurita Tarhon, proaspat

1/8 lingurita Sare

2 linguri muștar de Dijon

¼ linguriță de cimbru uscat

¼ de linguriță de oregano uscat

Adrese:

1. Preîncălziți cuptorul la 425°F.

2. După aceea, combinați toate ingredientele, cu excepția somonului, într-un castron mediu.

3. Acum, turnați acest amestec uniform peste somon.

4. Apoi, așezați pielea de somon în jos pe tava tapetată cu hârtie de copt.

5. La final, coaceți timp de 8 minute sau până când peștele se fulge.

Informatii nutritionale:Calorii: 239 KcalProteine: 31 g Carbohidrați: 3 g Grăsimi: 11 g

Salata de pui cu iaurt grecesc

Ingrediente:

Pui tocat

Mar verde

ceapa rosie

Țelină

Afine uscate

Adrese:

1. Servirea de pui cu verdeturi mixte Iaurtul grecesc este un gand extraordinar pentru pregatirea cinei. Puteți să-l puneți într-o împingere manuală și să mâncați doar atât sau îl puteți împacheta într-un compartiment de pregătire super cu mai multe legume, chipsuri etc. Iată câteva recomandări de service.

2. Cu putin paine prajita

3. Într-o tortilla cu salată verde

4. Cu chipsuri sau biscuiți

5. Pe niște salată verde congelată (opțiune cu conținut scăzut de carbohidrați!)

Salată de năut piure

Ingrediente:

1 avocado

1/2 lămâie crocantă

1 cutie de năut uzat (19 oz)

1/4 cana ceapa rosie tocata

2 cani de rosii struguri tocate

2 căni de castraveți tăiați cubulețe

1/2 cană pătrunjel crocant

3/4 cană ardei gras verde tăiat cubulețe

Bandaj

1/4 cană ulei de măsline

2 linguri otet de vin rosu

1/2 lingurita chimen

sare si piper

Adrese:

1. Tăiați avocado în pătrate 3D și puneți-l într-un castron. Presați sucul de la 1/2 lămâie peste avocado și amestecați ușor pentru a se consolida.

2. Includeți porția rămasă de ingrediente de verdeață amestecată și amestecați-le ușor împreună.

3. Dați la frigider cu cel puțin o oră înainte de servire.

Porții de salată Valencia

Porții: 10

Timp de preparare: 0 minute

Ingrediente:

1 linguriță de măsline Kalamata în ulei, fără sâmburi, scurse ușor, tăiate în jumătate, tăiate fâșii julienne

1 cap, salata romana mica, clatita, maruntita si taiata in bucatele mici

½ bucată, eșalotă mică, tăiată juliană

1 lingurita mustar de Dijon

½ satsuma sau mandarină mică, numai pulpă

1 lingurita otet de vin alb

1 lingurita ulei de masline extravirgin

1 praf de cimbru proaspat tocat

Un praf de sare de mare

Un praf de piper negru, dupa gust

Adrese:

1. Combinați oțetul, uleiul, cimbru proaspăt, sare, muștar, piper negru și miere, dacă folosiți. Bateți bine până când dressingul se emulsionează ușor.

2. Amestecați ingredientele rămase pentru salată într-un bol de salată.

3. Stropiți dressingul deasupra când sunteți pe cale să serviți. Serviți imediat cu 1 felie dacă pâinea nu este îndulcită sau savuroasă.

<u>Informatii nutritionale:</u>Calorii 238 Carbohidrați: 23 g Grăsimi: 15 g Proteine: 8 g

Porții de supă „Mănâncă-ți verdețurile".

Porții: 4

Timp de preparare: 20 de minute

Ingrediente:

¼ cană ulei de măsline extravirgin

2 praz, doar părți albe, feliate subțiri

1 bulb de fenicul, tăiat și feliat subțire

1 catel de usturoi curatat de coaja

1 legătură de smog, tocată grosier

4 cesti de varza kale tocata grosier

4 cesti de verdeata de mustar tocata grosier

3 căni de bulion de legume

2 linguri otet de mere

1 lingurita sare

¼ de lingurita piper negru proaspat macinat

¼ cană caju tocate (opțional)

Adrese:

1. Încinge uleiul la foc mare într-o oală mare.

2. Adăugați prazul, feniculul și usturoiul și căliți până se înmoaie, aproximativ 5 minute.

3. Adăugați majelele, varza kale și verdeața de muștar și soțiți până când frunzele se ofilesc, 2 până la 3 minute.

4. Adăugați bulionul și fierbeți.

5. Gatiti la foc mic in 5 minute.

6. Adăugați oțetul, sarea, piperul și caju (dacă folosiți).

7. Se face piure supa cu un blender de imersie până se omogenizează și se servește.

<u>Informatii nutritionale:</u>Calorii 238 Grăsimi totale: 14 g Carbohidrați totale: 22 g Zahar: 4 g Fibre: 6 g Proteine: 9 g Sodiu: 1294 mg

Somon miso și fasole verde

Porții: 4

Timp de gătire: 25 minute

Ingrediente:

1 lingura ulei de susan

1 kilogram de fasole verde, tocata

1 kilogram de file de somon pe piele, tăiate în 4 file ¼ de cană de miso alb

2 lingurițe de sos de soia fără gluten sau tamari 2 cepți tăiați felii subțiri

Adrese:

1. Preîncălziți cuptorul la 400 ° F. Ungeți tava de copt cu ulei.

2. Asezati fasolea verde, apoi somonul peste fasolea verde si intindeti fiecare bucata cu miso.

3. Se prăjește în 20 până la 25 de minute.

4. Stropiți cu tamari, stropiți cu ceai și serviți.

Informatii nutritionale:Calorii 213 Grăsimi totale: 7 g Carbohidrați totale: 13 g Zahăr: 3 g Fibre: 5 g Proteine: 27 g Sodiu: 989 mg

Supă de praz, pui și spanac

Porții: 4

Timp de preparare: 15 minute

Ingrediente:

3 linguri de unt nesarat

2 praz, doar părți albe, feliate subțiri

4 căni de spanac baby

4 cesti supa de pui

1 lingurita sare

¼ de lingurita piper negru proaspat macinat

2 cani de pui de rotisor maruntit

1 lingură arpagic proaspăt, feliat subțire

2 lingurite coaja de lamaie rasa sau tocata

Adrese:

1. Se dizolvă untul la foc mare într-o oală mare.

2. Adăugați prazul și căleți până se înmoaie și începe să se rumenească, 3

La 5 minute.

3. Adăugați spanacul, bulionul, sare și piper și aduceți la fiert.

4. Gatiti la foc mic in 1-2 minute.

5. Așezați puiul și gătiți în 1 până la 2 minute.

6. Stropiți cu arpagicul și coaja de lămâie și serviți.

Informatii nutritionale:Calorii 256 Grăsimi totale: 12 g Carbohidrați totale: 9 g Zahăr: 3 g Fibre: 2 g Proteine: 27 g Sodiu: 1483 mg

Bombe de ciocolată neagră

Porții: 24

Timp de preparare: 5 minute

Ingrediente:

1 cană smântână groasă

1 cană cremă de brânză moale

1 lingurita extract de vanilie

1/2 cană ciocolată neagră

2 uncii. Stevia

Adrese:

1. Topiți ciocolata într-un castron încălzind-o la cuptorul cu microunde.

2. Bateți restul ingredientelor într-un mixer până devin pufos, apoi adăugați ciocolata topită.

3. Amestecați bine, apoi împărțiți amestecul într-o tavă de brioșe tapetată cu cupe de brioșe.

4. Se da la frigider pentru 3 ore.

5. Serviți.

<u>Informatii nutritionale:</u>Calorii 97 Grăsimi 5 g, Carbohidrați 1 g, Proteine 1 g, Fibre 0 g

Ardei umpluți italieni

Porții: 6

Timp de gătire: 40 de minute

Ingrediente:

1 lingurita praf de usturoi

1/2 cană mozzarella, rasă

1 kilogram de carne de vită macră

1/2 cană parmezan

3 ardei gras, tăiați în jumătate pe lungime, tulpinile, semințele și coastele îndepărtate

1 pachet (10 oz) spanac congelat

2 cani de sos marinara

1/2 lingurita sare

1 lingurita condimente italiene

Adrese:

1. Acoperiți o foaie de copt tapetată cu folie cu spray antiaderent. Pune ardeii în tava de copt.

2. Adăugați curcanul într-o tigaie antiaderentă și gătiți la foc mediu până când nu mai devine roz.

3. Când sunt aproape gătite, adăugați 2 căni de sos marinara și condimente — Gatiti aproximativ 8-10 minute.

4. Adăugați spanacul împreună cu 1/2 cană de parmezan. Se amestecă până se combină bine.

5. Adăugați o jumătate de cană de amestec de carne la fiecare ardei și împărțiți brânza între ele: Preîncălziți cuptorul la 450F.

6. Coaceți ardeii aproximativ 25-30 de minute. Se lasa sa se raceasca si se serveste.

Informatii nutritionale:150 calorii 2 g grasimi 11 g carbohidrati totali 20 g proteine

Pastrav afumat invelit in salata verde Portii: 4

Timp de gătire: 45 de minute

Ingrediente:

¼ cană cartofi prăjiți cu sare

1 cană roșii struguri

½ cană frunze de busuioc

16 frunze mici și mijlocii de salată verde

1/3 cană chili dulce asiatic

2 morcovi

1/3 cană eșalotă (tăiată subțire)

¼ cană jalapenos felii subțiri

1 lingura de zahar

2-4,5 uncii de păstrăv afumat fără piele

2 linguri suc proaspăt de lămâie

1 castravete

Adrese:

1. Tăiați morcovii și castraveții în fâșii subțiri.

2. Marinați aceste legume timp de 20 de minute cu zahăr, sos de pește, suc de lămâie, eșalotă și jalapeno.

3. Adăugați bucăți de păstrăv și alte ierburi la acest amestec de legume și amestecați.

4. Strecurați apa din amestecul de legume și păstrăv și amestecați-o din nou.

5. Asezati frunzele de salata verde pe o farfurie si transferati salata de pastrav pe ele.

6. Ornează această salată cu alune și sos chili.

Informatii nutritionale:Calorii 180 Carbohidrați: 0 g Grăsimi: 12 g Proteine: 18 g

Ingrediente pentru salata de oua:

12 ouă uriașe

1/4 cana ceapa verde tocata

1/2 cana telina tocata

1/2 cană ardei roșu tocat

2 linguri muștar de Dijon

1/3 cană maioneză

1 lingura suc, vin alb sau otet de sherry 1/4 lingurita Tabasco sau alt sos iute (aproape dupa gust) 1/2 lingurita boia de ardei (aproape dupa gust) 1/2 lingurita piper inchis (aproape dupa gust) 1/4 lingurita sare (mai mult dupa gust)

Adrese:

1. Încălziți ouăle: Cea mai simplă metodă de a face ouă fierte cu spumă, care nu sunt greu de curățat, este să le aburiți.

Umpleți o tigaie cu 1 inch de apă și adăugați un coș de abur. (În cazul în care nu aveți un buchet de abur, este în regulă.) 2. Încălziți apa până la punctul de fierbere, puneți ușor ouăle în vasul pentru aburi sau direct în tigaie. Extindeți oala. Setează-ți ceasul pentru 15 minute. Evacuați ouăle și puneți-le în apă rece cu virus pentru a se răci.

3. Pregătiți ouăle și legumele: Tăiați grosier ouăle și puneți-le într-un castron mare. Includeți ceapa verde, țelina și ardeiul roșu.

4. Pregătiți vasul de verdeață amestecată: într-un castron mic, combinați maioneza, muștarul, oțetul și Tabasco. Amesteca usor dressingul de maioneza in castron cu ouale si legumele. Includeți boia și sare și piper negru. Schimbați condimentele după gust.

Pui cu susan Tamari la cuptor cu fasole verde

Porții: 4

Timp de gătire: 45 de minute

Ingrediente:

1 kilogram de fasole verde, tocata

4 piept de pui cu os si piele

2 linguri de miere

1 lingura ulei de susan

1 lingură sos de soia fără gluten sau tamari 1 cană bulion de pui sau legume

Adrese:

1. Preîncălziți cuptorul la 400°F.

2. Pune fasolea verde pe o tavă mare cu ramă.

3. Așezați puiul, cu pielea în sus, deasupra fasolei.

4. Stropiți cu miere, ulei și tamari. Adăugați bulionul.

5. Prăjiți în 35 până la 40 de minute. Scoatem, lasam sa se odihneasca 5 minute si servim.

<u>Informatii nutritionale:</u>Calorii 378 Grăsimi totale: 10 g Carbohidrați totale: 19 g Zahar: 10 g Fibre: 4 g Proteine: 54 g Sodiu: 336 mg

Tocană de pui cu ghimbir Porții: 6

Timp de preparare: 20 de minute

Ingrediente:

¼ cană file de pulpă de pui, tăiat cubulețe

¼ cană tăiței cu ou fierte

1 papaya verde, decojită și tăiată cubulețe

1 cană bulion de pui, cu conținut scăzut de sodiu, cu conținut scăzut de grăsimi

1 medalion de ghimbir, decojit și zdrobit

praf de ceapa pudra

un praf de usturoi pudra, mai adauga daca se doreste

1 cană de apă

1 lingurita sos de peste

praf de piper alb

1 bucată chili ochi de pasăre mic, tocat

Adrese:

1. Puneți toată fixarea într-un cuptor olandez mare la foc mare. A fierbe.

Reduceți căldura la minim. Pune capacul.

2. Lăsați tocanita să fiarbă 20 de minute sau până când papaya este fragedă.

Stinge focul. Se consumă ca atare sau cu ½ cană de orez fiert. Se serveste fierbinte.

<u>Informatii nutritionale:</u>Calorii 273 Carbohidrați: 15 g Grăsimi: 9 g Proteine: 33 g

Ingrediente pentru salata cremoasa de naut:

Farfurie cu legume mixte

2 borcane de năut de 14 oz

3/4 cană agitator de morcovi

3/4 cană agitator de țelină

3/4 cană agitator mic de ardei gras

1 ceapă tăiată

1/4 cană agitator de ceapă roșie

1/2 avocado mare

6 oz tofu moale

1 lingura otet de mere

1 lingura suc de lamaie

1 lingură muștar de Dijon

1 lingura sos dulce

1/4 lingurita boia afumata

1/4 lingurita de seminte de telina

1/4 lingurita piper negru

1/4 linguriță pudră de muștar

Sare de mare dupa gust

Fix'ns Sandwich

Pâine integrală de cultură

Tăiați roșiile roma

se întinde salată verde

Adrese:

1. Pregătiți și tocați morcovii, țelina, ardeiul roșu, ceapa roșie și ceapa și puneți într-un castron mic pentru a omogeniza. Puneți într-un loc sigur.

2. Folosind un blender mic sau un robot de bucătărie, amestecați avocado, tofu, oțet din suc de mere, sucul de lămâie și muștar până la omogenizare.

3. Se strecoară și se spală năutul și se pune într-un castron mediu pentru a se amesteca. Cu un zdrobitor de cartofi sau cu o furculiță, zdrobiți fasolea până când majoritatea se despart și începeți să mâncați după un fel de pește cu legume amestecate. Nu trebuie să fie neted, dar are un finisaj și este robust. Se condimentează fasolea cu puțină sare și piper.

4. Includeți legumele tăiate, crema de avocado și tofu și restul aromelor și savurați și amestecați bine. Testați și modificați după cum vă dictează înclinația.

Taitei de morcovi cu sos de arahide, ghimbir si lime

Ingrediente:

Pentru pasta de morcovi:

5 morcovi jumbo, curățați și tăiați julien sau spiralați în fâșii subțiri 1/3 cană (50 g) caju fierte

2 linguri coriandru proaspăt, tocat mărunt

Pentru sosul de ghimbir și arahide:

2 linguri tartinat bogat in nuci

4 linguri lapte de cocos obisnuit

Stoarceți ardeiul cayenne

2 catei de usturoi uriasi, tocati marunt

1 lingură ghimbir nou, curățat și măcinat 1 lingură suc de lămâie

Sarat la gust

Adrese:

1. Consolidați toate ingredientele pentru sos într-un castron mic și combinați până când sunt omogene și bogate și puneți deoparte într-un loc sigur în timp ce tăiați în julien sau spiralați morcovii.

2. Într-un castron mare de servire, aruncați ușor morcovii și sosul până când sunt acoperiți uniform. Acoperiți cu caju (sau alune) prăjite și coriandru proaspăt tocat.

Legume prăjite cu cartofi dulci și fasole albă

Porții: 4

Timp de gătire: 25 minute

Ingrediente:

2 cartofi dulci mici, tăiați cubulețe

½ ceapă roșie, tăiată cubulețe de ¼ inch

1 morcov mediu, decojit și tăiat felii subțiri

4 uncii de fasole verde, tocată

¼ cană ulei de măsline extravirgin

1 lingurita sare

¼ de lingurita piper negru proaspat macinat

1 cutie (15½ uncii) fasole marine, scursa si clatita 1 lingura tocata sau rasa coaja de lamaie

1 lingură mărar proaspăt tocat

Adrese:

1. Preîncălziți cuptorul la 400°F.

2. Combinați cartofii dulci, ceapa, morcovul, fasolea verde, uleiul, sare și piper pe o tavă mare de copt cu ramă și amestecați bine. Aranjați într-un singur strat.

3. Prăjiți până când legumele sunt fragede, 20 până la 25 de minute.

4. Adaugam fasolea alba, coaja de lamaie si mararul, amestecam bine si servim.

Informatii nutritionale:Calorii 315 Grăsimi totale: 13 g Carbohidrați totale: 42 g Zahăr: 5 g Fibre: 13 g Proteine: 10 g Sodiu: 632 mg

Porții de salată de varză

Porții: 1

Ingrediente:

1 cană de varză proaspătă

½ cană de afine

½ cană de cireșe fără sâmburi, tăiate în jumătate

¼ cană de afine uscate

1 lingura de seminte de susan

2 linguri ulei de masline

Suc de 1 lămâie

Adrese:

1. Combinați uleiul de măsline și sucul de lămâie, apoi aruncați varza în dressing.

2. Puneți frunzele de varză într-un castron de salată și acoperiți cu afine proaspete, cireșe și merișoare.

3. Acoperiți cu seminţe de susan.

<u>Informatii nutritionale:</u>Total carbohidrati 48 g Fibre alimentare: 7 g Proteine: 6 g Grasimi totale: 33 g Calorii: 477

Pahar refrigerat cu nucă de cocos și alune

Porții: 1

Timp de preparare: 0 minute

Ingrediente:

½ cană lapte de cocos și migdale

¼ cană alune tocate

1 cană și jumătate de apă

1 pachet de stevia

Adrese:

1. Adăugați ingredientele enumerate în blender

2. Se amestecă până când este omogen și cremos. 3. Serviți rece și bucurați-vă!

Informatii nutritionale:Calorii: 457 Grăsimi: 46 g Carbohidrați: 12 g Proteine: 7 g

Boluri cu chiftele cu taco:

Chiftele:

1 kilogram de carne de vită macră (înlocuiește orice carne tocată, cum ar fi carnea de porc, curcan sau pui)

1 ou

1/4 cana varza kale tocata marunt sau ierburi crocante, cum ar fi patrunjelul sau coriandru (discretionar)

1 lingurita sare

1/2 lingurita piper negru

Boluri pentru taco

2 căni de sos enchilada (folosim făcut la comandă) 16 chiftele (fixări înregistrate anterior)

2 căni de orez fiert, alb sau închis

1 avocado, tăiat

1 cană salsa sau pico de gallo cumpărată local 1 cană brânză rasă

1 jalapeño, feliat delicat (opțional)

1 lingura coriandru, tocat

1 lime, tăiată felii

Chipsuri de tortilla, de servit

Adrese:

1. A face/congela

2. Într-un castron mare, combinați carnea de vită tocată, ouăle, kale (dacă este folosită), sare și piper. Se amestecă cu mâinile până se consolidează uniform.

Structurați în 16 chiftele de aproximativ 1 inch lățime și așezați-le pe o farfurie prinsă cu folie de aluminiu.

3. Dacă utilizați în decurs de câteva zile, păstrați la frigider până la 2 zile.

4. În cazul în care îngheață, puneți recipientul de plastic la frigider până când chiftelele sunt tari. Mută-te într-o geantă frigorifică. Chiftelele se vor păstra la frigider 3 până la 4 luni.

5. Gatiti

6. Într-o oală medie, aduceți sosul de enchilada la foc mic. Includeți chiftelute (nu există niciun motiv convingător pentru a le decongela mai întâi dacă sunt chiftele

solidificat). Fierbe chiftelele până când sunt fierte, 12 minute presupunând că sunt crocante și 20 de minute când sunt solidificate.

7. În timp ce chiftelele se gătesc, pregătiți diferite acompaniamente.

8. Întindeți bolurile pentru taco garnisind orezul cu chifteluțe și salsa, avocado feliat, salsa, brânză cheddar, felii de jalapeño și coriandru. Se prezinta cu felii de lamaie si chipsuri tortilla.

Zoodles de avocado cu pesto și porții de somon: 4

Timp de gătire: 25 minute

Ingrediente:

1 lingura pesto

1 lămâie

2 fileuri de somon proaspăt/congelat

1 dovlecel mare, spiralat

1 lingura piper negru

1 avocado

1/4 cană parmezan ras

condimente italienesti

Adrese:

1. Încălziți cuptorul la 375 F. Asezonați somonul cu condimente italiene, sare și piper și coaceți timp de 20 de minute.

2. Adăugați avocado în bol împreună cu o lingură de piper, suc de lămâie și o lingură de pesto. Se zdrobesc avocado și se lasă deoparte.

3. Adăugați tăițeii de dovlecel într-un platou de servire, urmați de amestecul de avocado și somon.

4. Stropiți cu brânză. Adăugați mai mult pesto dacă este necesar. Bucurați-vă!

Informatii nutritionale:128 calorii 9,9 g grăsimi 9 g carbohidrați totali 4 g proteine

Cartofi dulci cu turmeric, mar si ceapa cu pui

Porții: 4

Timp de gătire: 45 de minute

Ingrediente:

2 linguri de unt nesarat, la temperatura camerei 2 cartofi dulci medii

1 măr mare Granny Smith

1 ceapă medie, feliată subțire

4 piept de pui cu os si piele

1 lingurita sare

1 lingurita turmeric

1 lingurita de salvie uscata

¼ de lingurita piper negru proaspat macinat

1 cană de cidru de mere, vin alb sau bulion de puiAdrese:

1. Preîncălziți cuptorul la 400 ° F. Ungeți tava de copt cu unt.

2. Aranjați cartofii dulci, mărul și ceapa într-un singur strat pe tava de copt.

3. Puneți pielea de pui în sus și asezonați cu sare, turmeric, salvie și piper. Adăugați cidrul.

4. Se prăjește în 35 până la 40 de minute. Scoatem, lasam sa se odihneasca 5 minute si servim.

Informatii nutritionale:Calorii 386 Grăsimi totale: 12 g Carbohidrați totale: 26 g Zahar: 10 g Fibre: 4 g Proteine: 44 g Sodiu: 932 mg

Filet de somon cu ierburi prăjite: 4

Timp de preparare: 5 minute

Ingrediente:

1 kg file de somon, clătit 1/8 linguriță piper cayenne 1 linguriță chili pudră

½ lingurita de chimion

2 catei de usturoi, tocati

1 lingura ulei de masline

¾ lingurita sare

1 lingurita piper negru proaspat macinat

Adrese:

1. Preîncălziți cuptorul la 350 de grade F.

2. Într-un castron, combinați ardeiul cayenne, pudra de chili, chimenul, sarea și piperul negru. Pus deoparte.

3. Stropiți fileul de somon cu ulei de măsline. Frecați pe ambele părți. Frecați usturoiul și amestecul de condimente pregătit. Lasă să stea timp de 10 minute.

4. După ce lăsați aromele să se amestece, pregătiți o tigaie rezistentă la cuptor.

Încinge uleiul de măsline. Odată fierbinte, asezonați somonul timp de 4 minute pe ambele părți.

5. Transferați tava în interiorul cuptorului. Coaceți timp de 10 minute. A se prezenta, frecventa.

Informatii nutritionale:Calorii 210 Carbohidrați: 0 g Grăsimi: 14 g Proteine: 19 g

Tofu și legume de vară condimentate în Italia

Porții: 4

Timp de preparare: 20 de minute

Ingrediente:

2 dovlecei mari, tăiați în felii de ¼ inch

2 dovlecei mari de vară, tăiați în felii de ¼ inch grosime 1 kilogram tofu ferm, tăiați în cubulețe de 1 inch

1 cană bulion de legume sau apă

3 linguri ulei de masline extravirgin

2 catei de usturoi, taiati felii

1 lingurita sare

1 linguriță amestec italian de condimente cu ierburi

¼ de lingurita piper negru proaspat macinat

1 lingura busuioc proaspat, feliat subtire

Adrese:

1. Preîncălziți cuptorul la 400°F.

2. Combinați dovleceii, dovleceii, tofu, bulionul, uleiul, usturoiul, sarea, amestecul de condimente italiene cu ierburi și piperul pe o foaie de copt mare cu ramă și amestecați bine.

3. Se prăjește în 20 de minute.

4. Presărați busuioc și serviți.

Informatii nutritionale:Calorii 213 Grăsimi totale: 16 g Carbohidrați totale: 9 g Zahăr: 4 g Fibre: 3 g Proteine: 13 g Sodiu: 806 mg

Ingrediente pentru salata de capsuni si branza de capra:

1 kilogram de căpșuni crocante, tăiate cubulețe

Discrețional: 1 până la 2 lingurițe de nectar sau sirop de arțar, după gust 2 uncii brânză cheddar de capră dezintegrată (aproximativ ½ cană) ¼ cană busuioc crocant tocat, plus câteva frunze mici de busuioc pentru ornat

1 lingura ulei de masline extravirgin

1 lingura otet balsamic gros *

½ linguriță de sare de mare maldon sau o cantitate necorespunzătoare de ¼ linguriță sare de mare fină

Piper negru măcinat crocant

Adrese:

1. Întindeți căpșunile tăiate cubulețe pe un platou mediu sau un bol puțin adânc. În cazul în care căpșunile nu sunt suficient de dulci așa cum preferați, aruncați-le cu o atingere de nectar sau sirop de arțar.

2. Presarati branza cheddar de capra dezintegrata peste capsuni, urmata de busuioc tocat. Stropiți deasupra uleiul de măsline și oțetul balsamic.

3. Lustruiți farfuria cu verdeață amestecată cu sare, câteva bucăți de piper închis măcinat crocant și frunzele de busuioc păstrate. Pentru o introducere excelentă, serviți rapid preparatul de verdeață amestecată.

Cu toate acestea, resturile se vor păstra bine la frigider aproximativ 3 zile.

Tocană de conopidă și cod cu turmeric Porții: 4

Timp de preparare: 30 minute

Ingrediente:

½ kilogram de buchețe de conopidă

1 kg file de cod, dezosate, fără piele și tăiate cuburi 1 lingură ulei de măsline

1 ceapa galbena tocata

½ linguriță de semințe de chimen

1 ardei iute verde tocat

¼ de linguriță pudră de turmeric

2 rosii tocate

Un praf de sare si piper negru.

½ cană supă de pui

1 lingura coriandru tocat

Adrese:

1. Se incinge o oala cu ulei la foc mediu, se adauga ceapa, chiliul, chimenul si turmericul, se amesteca si se fierbe 5 minute.

2. Adăugați conopida, peștele și alte ingrediente, amestecați, aduceți la fiert și fierbeți la foc mediu încă 25 de minute.

3. Împărțiți tocanita în boluri și serviți.

Informatii nutritionale:calorii 281, grăsimi 6, fibre 4, carbohidrați 8, proteine 12

Deliciu cu nuci și sparanghel Porții: 4

Timp de preparare: 5 minute

Ingrediente:

1 și ½ lingură ulei de măsline

¾ de kilogram de sparanghel, tocat

¼ cana nuci tocate

Seminte de floarea soarelui si piper dupa gust

Adrese:

1. Se pune o tigaie la foc mediu, se adauga uleiul de masline si se lasa sa se incinga.

2. Adăugați sparanghelul, căliți timp de 5 minute până se rumenesc.

3. Asezonați cu semințe de floarea soarelui și piper.

4. Îndepărtați căldura.

5. Adăugați nucile și amestecați.

Informatii nutritionale:Calorii: 124 Grăsimi: 12 g Carbohidrați: 2 g Proteine: 3 g

Paste Alfredo cu dovlecei Ingrediente:

2 dovlecei medii spiralati

1-2 TB parmezan vegan (discreționar)

Sos Alfredo rapid

1/2 cană de caju crude la înmuiat câteva ore sau în apă clocotită timp de 10 minute

2 TB de suc de lamaie

3 TB de drojdie nutritivă

2 lingurițe de miso alb (sub tamari, sos de soia sau aminoacizi de nucă de cocos)

1 lingurita praf de ceapa

1/2 lingurita praf de usturoi

1/4-1/2 cană apă

Adrese:

1. Spiralizați tăițeii cu dovlecel.

2. Adăugați toate ingredientele Alfredo într-un blender rapid (începând cu 1/4 cană apă) și amestecați până la omogenizare. Dacă sosul tău este

excesiv de gros, mai adaugă apă câte o lingură până când obții consistența pe care o cauți.

3. Acoperiți tăițeii cu dovlecei cu sos Alfredo și, dacă doriți, cu un cărucior cu legume.

Pui Quinoa și Curcan Ingrediente:

1 cană quinoa, clătită

3-1/2 căni de apă, izolat

1/2 kilogram de curcan măcinat

1 ceapa dulce uriasa, tocata

1 ardei rosu dulce mediu, tocat

4 catei de usturoi, tocati

1 lingură tocană de fasole pudră

1 lingura chimen macinat

1/2 lingurita de scortisoara macinata

2 borcane (15 uncii fiecare) fasole neagră, spălate și scurse 1 cutie (28 uncii) de roșii zdrobite

1 dovlecel mediu, tocat

1 chili chipotle in adobo, tocat

1 lingura sos adobo

1 lamă îngustă

1 lingurita oregano uscat

1/2 lingurita sare

1/4 lingurita piper

1 cană de porumb solidificat dezghețat

1/4 cană coriandru crocant tocat

Garnituri discreționare: avocado tăiat cubulețe, brânză cheddar Monterey Jack mărunțită

Adrese:

1. Într-o oală mare, încălziți quinoa și 2 căni de apă până la fierbere. Reduce căldura; se întinde și se fierbe timp de 12-15 minute sau până când se reține apa. Expulzați din căldură; Clătiți cu o furculiță și puneți într-un loc sigur.

2. Apoi, într-o tigaie mare acoperită cu duș de gătit, gătiți curcanul, ceapa, ardeiul roșu și usturoiul la foc mediu până când carnea nu mai este roz și legumele sunt fragede; canal. Se amestecă pudra de tocană de fasole, chimen și scorțișoară; gătiți încă 2 minute.

Ori de câte ori doriți, serviți cu garnituri discreționare.

3. Includeți fasolea neagră, roșiile, dovlecelul, ardeiul chipotle, sosul de adobo, frunza sănătoasă, oregano, sare, piper și apa rămasă.

Se încălzește până la fierbere. Reduce căldura; se întinde și se fierbe timp de 30 minute. Se amestecă porumb și quinoa; căldură prin. Aruncați frunzele înguste; se amestecă în coriandru. Prezentați cu elemente de fixare discreționare, după cum doriți.

4. Alternativă de congelare: Înghețați tocană răcită în compartimente mai reci.

Pentru utilizare, decongelați incomplet la frigider pe termen mediu. Se încălzește într-o oală, amestecând din când în când; include sucuri sau apă dacă este vital.

Porții de tăiței cu usturoi și dovleac: 4

Timp de preparare: 15 minute

Ingrediente:

Pentru a prepara sosul

¼ cană lapte de cocos

6 întâlniri mari

2/3 g nucă de cocos măcinată

6 catei de usturoi

2 linguri pasta de ghimbir

2 linguri pasta de curry rosu

Pentru a pregăti tăiței

1 taitei mari de dovleac fiert

½ morcovi tăiați în julienne

½ dovlecel tăiat în julienne

1 ardei rosu mic

¼ cană caju

Adrese:

1. Pentru a face sos, amestecați toate ingredientele și faceți un piure gros.

2. Tăiați dovleceii spaghetti pe lungime și faceți tăiței.

3. Ungeți ușor tava de copt cu ulei de măsline și coaceți tăiței de dovleac la 40°C timp de 5-6 minute.

4. Pentru a servi, amestecați tăiței și pasați într-un bol. Sau serviți piureul alături de tăiței.

<u>Informatii nutritionale:</u>Calorii 405 Carbohidrați: 107 g Grăsimi: 28 g Proteine: 7 g

Pastrav la abur cu fasole rosie si sos chili Portii: 1

Timp de gătire: 16 minute

Ingrediente:

4 ½ oz roșii cherry, tăiate în jumătate

1/4 avocado nedecojit

6 uncii file de păstrăv fără piele

Frunze de coriandru de servit

2 lingurite ulei de masline

Felii de lime, pentru a servi

4 ½ uncii de fasole conservată, clătită și scursă 1/2 ceapă roșie, tăiată subțire

1 lingură jalapenos murat, scurs

1/2 lingurita de chimen macinat

4 masline siciliene / masline verzi

Adrese:

1. Puneți un coș de aburi peste o oală cu apă clocotită. Adăugați peștele în coș și acoperiți, gătiți timp de 10-12 minute.

2. Scoateți peștele și lăsați-l să se odihnească câteva minute. Între timp, preîncălziți puțin ulei într-o tigaie.

3. Adăugați jalapenos murați, fasole, măsline, 1/2 linguriță de chimen și roșii cherry. Gatiti aproximativ 4-5 minute, amestecand continuu.

4. Puneți aluatul de fasole pe un platou de servire, urmat de păstrăv.

Adăugați coriandru și ceapa deasupra.

5. Serviți alături de felii de lămâie și avocado. Bucurați-vă de păstrăv de mare aburit cu sos de fasole roșie și chili!

Informatii nutritionale:243 calorii 33,2 g grăsimi 18,8 g carbohidrați totali 44 g proteine

Porții de supă de cartofi dulci și curcan

Porții: 4

Timp de gătire: 45 de minute

Ingrediente:

2 linguri ulei de masline

1 ceapa galbena tocata

1 ardei verde tocat

2 cartofi dulci, curatati si taiati cubulete

1 kg piept de curcan, fără piele, dezosat și tăiat cuburi 1 linguriță de coriandru măcinat

Un praf de sare si piper negru.

1 lingurita boia dulce

6 cesti supa de pui

Suc de 1 lime

O mână de pătrunjel tocat

Adrese:

1. Se incinge o oala cu ulei la foc mediu, se adauga ceapa, ardeiul gras si cartofii dulci, se amesteca si se fierbe 5 minute.

2. Se adauga carnea si se rumeneste inca 5 minute.

3. Adăugați restul ingredientelor, amestecați, aduceți la fiert și fierbeți la foc mediu încă 35 de minute.

4. Puneti supa in boluri si serviti.

<u>Informatii nutritionale:</u>calorii 203, grăsimi 5, fibre 4, carbohidrați 7, proteine 8

Somon la grătar cu porții de miso: 2

Timp de preparare: 20 de minute

Ingrediente:

2 linguri. Sirop din esență de arțar

2 lămâi

¼ cană miso

¼ lingurita Piper, macinat

2 lămâi

2 ½ kilograme de somon, pe piele

Un praf de piper cayenne

2 linguri. Ulei de măsline extra virgin

¼ cană miso

Adrese:

1. Mai întâi, amestecați într-un castron mic sucul de lămâie și sucul de lămâie până se combină bine.

2. Apoi, adăugați miso, ardeiul cayenne, siropul de arțar, uleiul de măsline și piperul. Combinați bine.

3. Apoi, așezați somonul pe o foaie de copt tapetată cu hârtie de copt, cu pielea în jos.

4. Ungeți generos somonul cu amestecul de miso-lămâie.

5. Acum, așezați bucățile de lămâie și lime tăiate pe părțile laterale, cu partea tăiată în sus.

6. La final, coaceți timp de 8 până la 12 minute sau până când peștele se fulge.

Informatii nutritionale:Calorii: 230 Kcal Proteine: 28,3 g Carbohidrați: 6,7 g Grăsimi: 8,7 g

Friptură în fulgi pur și simplu prăjită Porții: 6

Timp de preparare: 8 minute

Ingrediente:

6 file de tilapia

2 linguri ulei de masline

1 bucată de suc de lămâie

Sare si piper dupa gust

¼ cană pătrunjel tocat sau coriandru

Adrese:

1. Sotește fileurile de tilapia cu ulei de măsline într-o tigaie medie la foc mediu. Gatiti 4 minute pe fiecare parte pana cand pestele se fulge usor cu o furculita.

2. Adăugați sare și piper după gust. Se toarnă suc de lămâie peste fiecare file.

3. Pentru a servi, stropiți fileurile fierte cu pătrunjel tocat sau coriandru.

Informatii nutritionale:Calorii: 249 Cal Grăsimi: 8,3 g Proteine: 18,6 g Carbohidrați: 25,9

Fibre: 1 g

Carnitas de porc Porții: 10

Timp de preparare: 8 ore. 10 minute

Ingrediente:

5 lire sterline. umăr de porc

2 catei de usturoi, tocati

1 lingurita piper negru

1/4 lingurita scortisoara

1 lingurita oregano uscat

1 lingurita chimen macinat

1 frunză de dafin

2 oz supă de pui

1 lingurita suc de lamaie

1 lingură pudră de chili

1 lingura de sare

Adrese:

1. Adăugați carnea de porc împreună cu restul ingredientelor într-un cuptor lent.

2. Puneți capacul și gătiți timp de 8 ore. a fierbe.

3. Odată gata, mărunțiți carnea de porc fiartă cu o furculiță.

4. Întindeți această carne de porc trasă pe o foaie de copt.

5. Se frige timp de 10 minute apoi se serveste.

Informatii nutritionale:Calorii 547 Grăsimi 39 g, Carbohidrați 2,6 g, Fibre 0 g, Proteine 43 g

Supa de peste alb cu legume

Porții: 6 până la 8

Timp de gătire: 32 până la 35 de minute

Ingrediente:

3 cartofi dulci, decojiți și tăiați în bucăți de ½ inch 4 morcovi, curățați și tăiați în bucăți de ½ inch 3 căni de lapte de cocos plin de grăsime

2 căni de apă

1 lingurita de cimbru uscat

½ linguriță sare de mare

10½ uncii (298 g) pește alb ferm, fără piele, cum ar fi codul sau halibutul, tăiat în bucăți

Adrese:

1. Adaugati cartofii dulci, morcovii, laptele de cocos, apa, cimbru si sarea de mare intr-o cratita mare la foc mare si aduceti la fiert.

2. Reduceți focul la mic, acoperiți și fierbeți timp de 20 de minute până când legumele sunt fragede, amestecând din când în când.

3. Se toarnă jumătate din supă într-un blender și se face piure până se omogenizează complet și se omogenizează, apoi se întoarce în oală.

4. Adăugați bucățile de pește și continuați să gătiți timp de 12

până la 15 minute sau până când peștele este gătit.

5. Se ia de pe foc si se serveste in farfurii adanci.

<u>Informatii nutritionale:</u>calorii: 450; grăsime: 28,7 g; proteine: 14,2 g; carbohidrați: 38,8 g; fibre: 8,1 g; zahăr: 6,7 g; sodiu: 250 mg

Midii cu lămâie Porții: 4

Ingrediente:

1 lingura. ulei extravirgin de masline extravirgin 2 catei de usturoi, tocati

2 lire sterline. midii spalate

Sucul de la o lămâie

Adrese:

1. Puneți puțină apă într-o oală, adăugați scoicile, aduceți la fiert la foc mediu, fierbeți 5 minute, aruncați scoicile nedeschise și transferați-le cu un bol.

2. Într-un alt bol, amestecați uleiul cu usturoiul și zeama de lămâie proaspăt stors, bateți bine și adăugați midii, amestecați și serviți.

3. Bucură-te!

Informatii nutritionale:Calorii: 140, Grăsimi: 4 g, Carbohidrați: 8 g, Proteine: 8 g, Zaharuri: 4 g, Sodiu: 600 mg,

Chili Lime Somon Porții: 2

Timp de preparare: 8 minute

Ingrediente:

1 kilogram de somon

1 lingura suc de lamaie

½ lingurita piper

½ linguriță de pudră de chili

4 felii de lime

Adrese:

1. Stropiți somonul cu suc de lămâie.

2. Stropiți ambele părți cu piper și pudră de chili.

3. Adăugați somonul în friteuză.

4. Așezați felii de lămâie deasupra somonului.

5. Prăjiți la aer la 375 de grade F timp de 8 minute.

Porții de paste cu ton cu brânză

Porții: 3-4

Ingrediente:

2 C. voinicică

¼ c. ceapa verde tocata

1 lingura otet rosu

5 uncii de ton conservat, scurs

¼ lingurita piper negru

2 uncii. paste integrale fierte

1 lingura. ulei de masline

1 lingura. parmezan ras cu conținut scăzut de grăsimi

Adrese:

1. Gatiti pastele in apa nesarata pana sunt gata. Scurgeți și rezervați.

2. Într-un castron mare, amestecați bine tonul, ceapa, oțetul, uleiul, rucola, pastele și piperul negru.

3. Amestecați bine și acoperiți cu brânză.

4. Serviți și savurați.

Informatii nutritionale:Calorii: 566,3, Grăsimi: 42,4 g, Carbohidrați: 18,6 g, Proteine: 29,8 g, Zaharuri: 0,4 g, Sodiu: 688,6 mg

Fâșii de pește cu crustă de nucă de cocos

Porții: 4

Timp de gătire: 12 minute

Ingrediente:

Marinada

1 lingura sos de soia

1 lingurita de ghimbir macinat

½ cană lapte de cocos

2 linguri sirop de artar

½ cană suc de ananas

2 lingurite sos iute

Peşte

1 kg file de pește, tăiat în fâșii

Piper dupa gust

1 cană pesmet

1 cană fulgi de cocos (neindulciți)

spray de gatit

Adrese:

1. Amestecați ingredientele pentru marinată într-un castron.

2. Adăugați fâșiile de pește.

3. Acoperiți și dați la frigider pentru 2 ore.

4. Preîncălziți friteuza cu aer la 375 de grade F.

5. Într-un castron, amestecați ardeiul, pesmetul și nuca de cocos rasă.

6. Înmuiați fâșiile de pește în amestecul de pesmet.

7. Pulverizați coșul de friteuză cu ulei.

8. Adăugați fâșii de pește în coșul pentru friteuza cu aer.

9. Se prăjește la aer timp de 6 minute pe fiecare parte.

Porții de pește mexican

Porții: 2

Timp de preparare: 10 minute

Ingrediente:

4 fileuri de peste

2 lingurițe de oregano mexican

4 lingurite de chimen

4 lingurite pudra de chili

Piper dupa gust

spray de gatit

Adrese:

1. Preîncălziți friteuza cu aer la 400 de grade F.

2. Stropiți peștele cu ulei.

3. Asezonați ambele părți ale peștelui cu condimente și piper.

4. Puneți peștele în coșul de friteuză.

5. Gatiti 5 minute.

6. Întoarceți și gătiți încă 5 minute.

Pastrav cu sos de castraveti Portii: 4

Timp de preparare: 10 minute

Ingrediente:

Dip:

1 castravete englezesc, taiat cubulete

¼ cană iaurt de cocos neîndulcit

2 linguri de menta proaspata tocata

1 ceapă, părți albe și verzi, tocate

1 lingurita miere cruda

Sare de mare

Pește:

4 (5 uncii) file de păstrăv, uscate

1 lingura ulei de masline

Sare de mare și piper negru proaspăt măcinat, după gust<u>Adrese:</u>

1. Pregătiți sosul: Amestecați într-un castron mic iaurtul, castraveții, menta, ceapa verde, mierea și sarea de mare până se omogenizează complet. Pus deoparte.

2. Pe o suprafață de lucru curată, frecați ușor fileurile de păstrăv cu sare de mare și piper.

3. Încinge uleiul de măsline într-o tigaie mare la foc mediu. Adăugați fileurile de păstrăv în tigaia încinsă și prăjiți aproximativ 10 minute, răsturnând peștele la jumătate, sau până când este gătit după bunul plac.

4. Întindeți sosul peste pește și serviți.

Informatii nutritionale:calorii: 328; grăsime: 16,2 g; proteine: 38,9 g; carbohidrați: 6,1 g

; fibre: 1,0 g; zahăr: 3,2 g; sodiu: 477 mg

Zoodles cu lămâie cu porții de creveți: 4

Timp de preparare: 0 minute

Ingrediente:

Dip:

½ cană frunze de busuioc proaspăt la pachet

Suc de 1 lămâie (sau 3 linguri)

1 linguriță de usturoi tocat îmbuteliat

Un praf de sare de mare

Un praf de piper negru proaspat macinat

¼ cană lapte de cocos integral conservat

1 dovleac mare galben, tăiat în julienă sau în spirală 1 dovlecel mare tăiat în julienă sau în spirală

1 kilogram (454 g) de creveți, devenați, fierți, curățați și răciți Raja de 1 lămâie (opțional)

Adrese:

1. Pregătiți sosul: procesați frunzele de busuioc, sucul de lămâie, usturoiul, sare de mare și piper într-un robot de bucătărie până se toacă mărunt.

2. Turnați încet laptele de cocos în timp ce procesorul încă funcționează. Pulsați până la omogenizare.

3. Transferați sosul într-un castron mare, împreună cu dovleceii galbeni și dovleceii. Amesteca bine.

4. Presărați creveții și coaja de lămâie (dacă doriți) deasupra tăițeilor. Serviți imediat.

Informatii nutritionale:calorii: 246; grăsime: 13,1 g; proteine: 28,2 g; carbohidrați: 4,9 g

; fibre: 2,0 g; zahăr: 2,8 g; sodiu: 139 mg

Porții de creveți crocanți

Porții: 4

Timp de preparare: 3 minute

Ingrediente:

1 kilogram de creveți, decojiți și devenați

½ cană amestec de pâine de pește

spray de gatit

Adrese:

1. Preîncălziți friteuza cu aer la 390 de grade F.

2. Stropiți creveții cu ulei.

3. Acoperiți cu amestecul de pâine.

4. Pulverizați coșul de friteuză cu ulei.

5. Adăugați creveții în coșul pentru friteuza cu aer.

6. Gatiti 3 minute.

Porții de biban de mare la grătar Porții: 2

Ingrediente:

2 catei de usturoi, tocati

Piper.

1 lingura. suc de lămâie

2 fileuri de biban alb

¼ de linguriță amestec de condimente

Adrese:

1. Pulverizați o tigaie cu puțin ulei de măsline și puneți fileurile pe ea.

2. Peste fileuri se presara zeama de lamaie, usturoiul si condimentele.

3. Se prăjește aproximativ 10 minute sau până când peștele devine maro auriu.

4. Serviți pe un pat de spanac sotat dacă doriți.

Informatii nutritionale:Calorii: 169, Grăsimi: 9,3 g, Carbohidrați: 0,34 g, Proteine: 15,3

g, zaharuri: 0,2 g, sodiu: 323 mg

Prăjituri cu somon Porții: 4

Timp de preparare: 10 minute

Ingrediente:

spray de gatit

1 kg file de somon, tocat

¼ cană făină de migdale

2 lingurițe de condimente Old Bay

1 ceapa verde tocata

Adrese:

1. Preîncălziți friteuza cu aer la 390 de grade F.

2. Pulverizați coșul de friteuză cu ulei.

3. Într-un castron, combinați ingredientele rămase.

4. Formați amestecul în chifteluțe.

5. Stropiți ambele părți ale burgerilor cu ulei.

6. Se prăjește la aer timp de 8 minute.

Porții de cod picant

Porții: 4

Ingrediente:

2 linguri patrunjel proaspat tocat

2 lire sterline. file de cod

2 C. sos cu conținut scăzut de sodiu

1 lingura. ulei fără aromă

Adrese:

1. Preîncălziți cuptorul la 350°F.

2. Într-o tavă mare și adâncă de copt, stropiți fundul cu ulei.

Pune fileurile de cod pe farfurie. Se toarnă sosul peste pește. Acoperiți cu folie de aluminiu timp de 20 de minute. Scoateți folia de aluminiu în ultimele 10 minute de gătit.

3. Coaceți la cuptor pentru 20 până la 30 de minute, până când peștele devine fulger.

4. Serviți cu orez alb sau brun. Se orneaza cu patrunjel.

Informatii nutritionale:Calorii: 110, Grăsimi: 11 g, Carbohidrați: 83 g, Proteine: 16,5 g, Zaharuri: 0 g, Sodiu: 122 mg

Porții de tartinat cu păstrăv afumat

Porții: 2

Ingrediente:

2 lingurite suc proaspat de lamaie

½ cană brânză de vaci cu conținut scăzut de grăsimi

1 tulpină de țelină tăiată cubulețe

¼ de kilogram de file de păstrăv afumat fără piele,

½ linguriță sos Worcestershire

1 lingurita sos iute

¼ c. ceapa rosie tocata grosier

Adrese:

1. Combinați păstrăvul, brânza de vaci, ceapa roșie, sucul de lămâie, sosul de ardei iute și sosul Worcestershire într-un blender sau robot de bucătărie.

2. Procesați până la omogenizare, oprindu-vă pentru a răzui părțile laterale ale vasului, după cum este necesar.

3. Adăugați țelina tăiată cubulețe.

4. Păstrați într-un recipient etanș la frigider.

Informatii nutritionale:Calorii: 57, Grăsimi: 4 g, Carbohidrați: 1 g, Proteine: 4 g, Zaharuri: 0 g, Sodiu: 660 mg

Porții de ton și eșalotă: 4

Ingrediente:

½ cană supă de pui cu conținut scăzut de sodiu

1 lingura. ulei de masline

4 fileuri de ton dezosate, fără piele

2 salote tocate

1 lingurita boia dulce

2 linguri suc de lamaie

¼ lingurita piper negru

Adrese:

1. Se încălzește o tigaie cu ulei la foc mediu-mare, se adaugă eșalota și se prăjește timp de 3 minute.

2. Adăugați peștele și gătiți timp de 4 minute pe fiecare parte.

3. Adaugati restul ingredientelor, gatiti totul inca 3 minute, impartiti in farfurii si serviti.

Informatii nutritionale:Calorii: 4040, Grăsimi: 34,6 g, Carbohidrați: 3 g, Proteine: 21,4 g, Zaharuri: 0,5 g, Sodiu: 1000 mg

Porții de creveți cu piper lămâie

Porții: 2

Timp de preparare: 10 minute

Ingrediente:

1 lingura suc de lamaie

1 lingura ulei de masline

1 lingurita piper lamaie

¼ linguriță de usturoi pudră

¼ lingurita boia

12 uncii. creveți, decojiți și devenați

Adrese:

1. Preîncălziți friteuza cu aer la 400 de grade F.

2. Amesteca intr-un castron sucul de lamaie, uleiul de masline, piperul de lamaie, pudra de usturoi si boia.

3. Adăugați creveții și acoperiți uniform cu amestecul.

4. Adăugați în friteuză.

5. Gatiti 8 minute.

Porții de friptură de ton fierbinte

Porții: 6

Ingrediente:

2 linguri suc proaspăt de lămâie

Piper.

Maioneză cu usturoi cu portocale prăjite

¼ c. boabe întregi de piper negru

6 fripturi de ton feliate

2 linguri ulei de masline extravirgin

Sare

Adrese:

1. Pune tonul într-un castron astfel încât să se potrivească. Adăugați uleiul, zeama de lămâie, sare și piper. Întoarceți tonul, astfel încât să fie bine acoperit cu marinada. Lăsați-l să se odihnească timp de 15 până la 20 minute, întorcându-se o dată.

2. Așezați boabele de piper în pungi de plastic cu grosime dublă. Toarnă boabele de piper cu o cratiță grea sau un ciocan mic pentru a le zdrobi grosier. Se pune pe o farfurie mare.

3. Când sunteți gata să gătiți tonul, înmuiați marginile în boabele de piper zdrobite. Încinge o tigaie antiaderentă la foc mediu. Se prăjesc fileurile de ton, în reprize dacă este necesar, timp de 4 minute pe fiecare parte pentru peștele mediu-rar, adăugând 2-3 linguri de marinată în tigaie dacă este necesar, pentru a preveni lipirea.

4. Serviți o lingură cu maioneză cu usturoi portocale prăjite.Informatii nutritionale:Calorii: 124, Grăsimi: 0,4 g, Carbohidrați: 0,6 g, Proteine: 28 g, Zaharuri: 0 g, Sodiu: 77 mg

Porții de somon cajun

Porții: 2

Timp de preparare: 10 minute

Ingrediente:

2 fileuri de somon

spray de gatit

1 lingură condiment cajun

1 lingura miere

Adrese:

1. Preîncălziți friteuza cu aer la 390 de grade F.

2. Pulverizați pe ambele părți ale peștelui cu ulei.

3. Stropiți cu condimente cajun.

4. Pulverizați coșul de friteuză cu ulei.

5. Adăugați somonul în coșul pentru friteuza cu aer.

6. Se prăjește la aer timp de 10 minute.

Bol cu somon Quinoa cu legume

Porții: 4

Timp de preparare: 0 minute

Ingrediente:

454 g de somon fiert, fulgi

4 căni de quinoa fiartă

6 ridichi, feliate subțiri

1 dovlecel, tăiat în jumătăți de lună

3 căni de rucola

3 arpagic tocat

½ cană ulei de migdale

1 lingurita sos iute fara zahar

1 lingura otet de mere

1 lingurita sare de mare

½ cană migdale feliate prăjite, pentru a decora (opțional)Adrese:

1. Într-un castron mare, combinați somonul mărunțit, quinoa fiartă, ridichile, dovlecelul, rucola și ceapa și amestecați bine.

2. Adăugați uleiul de migdale, sosul iute, oțetul de mere și sarea de mare și amestecați pentru a se combina.

3. Împărțiți amestecul în patru boluri. Presarati fiecare bol uniform cu migdale tocate pentru garnitura, daca doriti. Serviți imediat.

Informatii nutritionale:calorii: 769; grăsime: 51,6 g; proteine: 37,2 g; carbohidrați: 44,8 g; fibre: 8,0 g; zahăr: 4,0 g; sodiu: 681 mg

Porții de pește tocat

Porții: 4

Timp de preparare: 15 minute

Ingrediente:

¼ cană ulei de măsline

1 cană pesmet uscat

4 fileuri de peste alb

Piper dupa gust

Adrese:

1. Preîncălziți friteuza cu aer la 350 de grade F.

2. Presărați piper pe ambele părți ale peștelui.

3. Combinați uleiul și pesmetul într-un castron.

4. Scufundați peștele în amestec.

5. Apăsați pesmetul pentru a adera.

6. Puneți peștele în friteuză.

7. Gatiti 15 minute.

Empanadas simple cu somon Porții: 4

Timp de gătire: 8 până la 10 minute

Ingrediente:

454 g fileuri de somon dezosate, fără piele, tocate ¼ de cană ceapă dulce tocată

½ cană făină de migdale

2 catei de usturoi, tocati

2 oua batute

1 lingurita mustar de Dijon

1 lingura suc de lamaie proaspat stors

Un praf de fulgi de ardei rosu

½ linguriță sare de mare

¼ de lingurita piper negru proaspat macinat

1 lingura ulei de avocado

Adrese:

1. Amestecați într-un castron mare somonul tocat, ceapa dulce, făina de migdale, usturoiul, ouăle bătute, muștarul, zeama de lămâie, fulgii de ardei roșu, sare de mare și piper și amestecați până se încorporează bine.

2. Lăsați amestecul de somon să stea timp de 5 minute.

3. Scoateți amestecul de somon și formați cu mâinile patru chifle groase de ½ inch.

4. Încinge uleiul de avocado într-o tigaie mare la foc mediu. Adăugați burgerii în tigaia fierbinte și gătiți pe fiecare parte timp de 4 până la 5 minute până când se rumenesc ușor și sunt gătiți.

5. Se ia de pe foc si se serveste pe o farfurie.

Informatii nutritionale:calorii: 248; grăsime: 13,4 g; proteine: 28,4 g; carbohidrați: 4,1 g

; fibre: 2,0 g; zahăr: 2,0 g; sodiu: 443 mg

Porții de creveți cu floricele de porumb

Porții: 4

Timp de preparare: 10 minute

Ingrediente:

½ lingurita praf de ceapa

½ linguriță de usturoi pudră

½ lingurita boia

¼ linguriță de muștar măcinat

⅛ linguriță de salvie uscată

⅛ linguriță de cimbru măcinat

⅛ linguriță de oregano uscat

⅛ linguriță busuioc uscat

Piper dupa gust

3 linguri amidon de porumb

1 kilogram de creveți, decojiți și devenați

spray de gatit

Adrese:

1. Combinați toate ingredientele, cu excepția creveților, într-un castron.

2. Acoperiți creveții cu amestecul.

3. Pulverizați coșul de friteuză cu ulei.

4. Preîncălziți friteuza cu aer la 390 de grade F.

5. Adăugați creveții înăuntru.

6. Se prăjește la aer timp de 4 minute.

7. Agitați coșul.

8. Gatiti inca 5 minute.

Porții de pește picant copt

Porții: 5

Ingrediente:

1 lingura. ulei de masline

1 lingurita condiment de condimente nesarat

1 kg file de somon

Adrese:

1. Preîncălziți cuptorul la 350F.

2. Stropiți peștele cu ulei de măsline și condimente.

3. Coaceți 15 minute neacoperit.

4. Tăiați și serviți.

Informatii nutritionale:Calorii: 192, Grăsimi: 11 g, Carbohidrați: 14,9 g, Proteine: 33,1 g, Zaharuri: 0,3 g, Sodiu: 505 6 mg

Porții de ton cu boia

Porții: 4

Ingrediente:

½ linguriță de pudră de chili

2 lingurite boia dulce

¼ lingurita piper negru

2 linguri ulei de masline

4 fileuri de ton dezosate

Adrese:

1. Se încălzește o tigaie cu ulei la foc mediu-mare, se adaugă fileurile de ton, se condimentează cu boia de ardei, piper negru și praf de chili, se fierbe 5 minute pe fiecare parte, se împarte în farfurii și se servesc cu o garnitură.

Informatii nutritionale:Calorii: 455, Grăsimi: 20,6 g, Carbohidrați: 0,8 g, Proteine: 63,8

g, zaharuri: 7,4 g, sodiu: 411 mg

Burgeri de pește Porții: 2

Timp de gătire: 7 minute

Ingrediente:

8 oz. file de peste alb, fulgi

Pudră de usturoi după gust

1 lingurita suc de lamaie.

Adrese:

1. Preîncălziți friteuza cu aer la 390 de grade F.

2. Combinați toate ingredientele.

3. Formați amestecul în chiftelute.

4. Puneți burgerii de pește în friteuză.

5. Gatiti 7 minute.

Scoițe prăjite cu miere Porții: 4

Timp de preparare: 15 minute

Ingrediente:

1 kilogram (454 g) scoici mari, clătiți și uscati, un praf de sare de mare

Un praf de piper negru proaspat macinat

2 linguri ulei de avocado

¼ cană miere crudă

3 linguri de aminoacizi de cocos

1 lingura otet de mere

2 catei de usturoi, tocati

Adrese:

1. Într-un castron, adăugați scoicile, sare de mare și piper și amestecați până se îmbracă bine.

2. Într-o tigaie mare, încălziți uleiul de avocado la foc mediu-mare.

3. Prăjiți scoicile timp de 2 până la 3 minute pe fiecare parte sau până când scoicile devin albe sau opace și ferme.

4. Scoate scoicile de pe foc pe o farfurie și acopera cu folie de aluminiu pentru a se menține cald. Pus deoparte.

5. Adăugați mierea, aminoacizii de cocos, oțetul și usturoiul în tigaie și amestecați bine.

6. Aduceți la fiert și gătiți aproximativ 7 minute până când lichidul scade, amestecând din când în când.

7. Întoarceți scoicile în tigaie, aruncându-le pentru a se acoperi cu glazură.

8. Împărțiți scoicile în patru farfurii și serviți calde.

Informatii nutritionale:calorii: 382; grăsime: 18,9 g; proteine: 21,2 g; carbohidrați: 26,1 g; fibre: 1,0 g; zahăr: 17,7g; sodiu: 496 mg

File de cod cu ciuperci Shiitake Porții: 4

Timp de gătire: 15 până la 18 minute

Ingrediente:

1 catel de usturoi, tocat

1 praz, feliat subțire

1 lingurita radacina de ghimbir proaspat tocata

1 lingura ulei de masline

½ cană de vin alb sec

½ cană ciuperci shiitake feliate

4 fileuri de cod (6 uncii/170 g)

1 lingurita sare de mare

⅛ linguriță de piper negru proaspăt măcinat

Adrese:

1. Preîncălziți cuptorul la 375 °F (190 °C).

2. Amestecați usturoiul, prazul, rădăcina de ghimbir, vinul, uleiul de măsline și ciupercile într-o tavă de copt și amestecați până când ciupercile sunt acoperite uniform.

3. Coaceți în cuptorul preîncălzit timp de 10 minute până devin ușor aurii.

4. Scoateți foaia de copt din cuptor. Deasupra se întinde fileurile de cod și se condimentează cu sare de mare și piper.

5. Acoperiți cu folie de aluminiu și întoarceți la cuptor. Coaceți 5 până la 8

mai multe minute sau până când peștele devine fulger.

6. Scoateți folia și lăsați să se răcească 5 minute înainte de servire.

Informatii nutritionale:calorii: 166; grăsime: 6,9 g; proteine: 21,2 g; carbohidrați: 4,8 g; fibre: 1,0 g; zahăr: 1,0 g; sodiu: 857 mg

Porții de biban alb la grătar: 2

Ingrediente:

1 lingurita de usturoi tocat

Piper negru

1 lingura. suc de lămâie

8 oz. file de biban alb

¼ de linguriță amestec de condimente nesărate

Adrese:

1. Preîncălziți grătarul și puneți grătarul la 4 inci de sursa de căldură.

2. Pulverizați ușor o tavă de copt cu spray de gătit. Puneți fileurile în tigaie. Presărați peste fileuri sucul de lămâie, usturoiul, condimentele și piperul.

3. Prăjiți până când peștele este complet opac când este testat cu vârful unui cuțit, aproximativ 8 până la 10 minute.

4. Serviți imediat.

Informatii nutritionale:Calorii: 114, Grăsimi: 2 g, Carbohidrați: 2 g, Proteine: 21 g, Zaharuri: 0,5 g, Sodiu: 78 mg

Merluciu de roșii la cuptor

Porții: 4-5

Ingrediente:

½ cană sos de roșii

1 lingura. ulei de masline

Pătrunjel

2 rosii felii

½ cană brânză rasă

4 lbs. Merluciu dezosat și feliat

Sare.

Adrese:

1. Preîncălziți cuptorul la 400°F.

2. Condimentează peștele cu sare.

3. Într-o tigaie sau o cratiță; Prăjiți peștele în ulei de măsline până când este fiert pe jumătate.

4. Luați patru folii de aluminiu pentru a acoperi peștele.

5. Modelați folia de aluminiu pentru a arăta ca niște recipiente; Adăugați sos de roșii în fiecare recipient din folie.

6. Adăugați peștele, feliile de roșii și acoperiți cu brânză rasă.

7. Coaceți până se rumenesc, aproximativ 20-25 de minute.

minute.

8. Deschideți pachetele și acoperiți cu pătrunjel.

Informatii nutritionale:Calorii: 265, Grăsimi: 15 g, Carbohidrați: 18 g, Proteine: 22 g, Zaharuri: 0,5 g, Sodiu: 94,6 mg

Eglefin înăbușit cu sfeclă Porții: 4

Timp de preparare: 30 minute

Ingrediente:

8 sfeclă, curățată și tăiată în optimi

2 salote, feliate subtiri

2 linguri otet de mere

2 linguri ulei de măsline, împărțit

1 linguriță de usturoi tocat îmbuteliat

1 lingurita de cimbru proaspat tocat

Un praf de sare de mare

4 (5 uncii/142 g) file de eglefin, uscateAdrese:

1. Preîncălziți cuptorul la 400ºF (205ºC).

2. Combinați sfecla, eșalota, oțetul, 1 lingură ulei de măsline, usturoiul, cimbru și sare de mare într-un castron mediu și amestecați pentru a se îmbrăca bine.

Întindeți amestecul de sfeclă într-o tavă de copt.

3. Se coace la cuptorul preincalzit pentru aproximativ 30 de minute, intorcand o data sau de doua ori cu o spatula, sau pana cand sfecla este frageda.

4. Între timp, încălziți lingura rămasă de ulei de măsline într-o tigaie mare la foc mediu-mare.

5. Adăugați eglefinul și prăjiți fiecare parte timp de 4 până la 5 minute, sau până când pulpa este opaca și se fulge ușor.

6. Transferați peștele pe o farfurie și serviți acoperit cu sfecla prăjită.

Informatii nutritionale:calorii: 343; grăsime: 8,8 g; proteine: 38,1 g; carbohidrați: 20,9 g

; fibre: 4,0 g; zahăr: 11,5 g; sodiu: 540 mg

Porții de Sense Ton Melt

Porții: 4

Ingrediente:

3 uncii. brânză cheddar măruntită cu conținut scăzut de grăsimi

1/3 c. telina tocata

Sare si piper negru

¼ c. ceapa maruntita

2 brioșe englezești din grâu integral

6 uncii. ton alb scurs

¼ c. rusă cu conținut scăzut de grăsimi

Adrese:

1. Preîncălziți grătarul. Combinați tonul, țelina, ceapa și sosul pentru salată.

2. Asezonați cu sare și piper.

3. Prăjiți jumătățile de brioșe englezești.

4. Puneți partea despicată în sus pe o foaie de copt și acoperiți fiecare cu 1/4 din amestecul de ton.

5. Se prăjește 2-3 minute sau până când se încălzește.

6. Acoperiți cu brânză și fierbeți din nou până când brânza se topește, încă aproximativ 1 minut.

<u>Informatii nutritionale:</u>Calorii: 320, Grăsimi: 16,7 g, Carbohidrați: 17,1 g, Proteine: 25,7

g, zaharuri: 5,85 g, sodiu: 832 mg

Lămâie Somon cu Kaffir Lime

Porții: 8

Ingrediente:

1 tulpină de lemongrass, tăiată în sferturi și învinețită

2 frunze de tei kaffir, rupte

1 lămâie feliată subțire

1 ½ cană frunze de coriandru proaspăt

1 file de somon întreg

Adrese:

1. Preîncălziți cuptorul la 350°F.

2. Tapetați o tavă de copt cu foi de folie de aluminiu, suprapunând părțile laterale. 3. Asezati somonul pe folie de aluminiu, deasupra cu lamaie, frunze de tei, iarba de lamaie si 1 cana frunze de coriandru. Opțiune: asezonați cu sare și piper.

4. Aduceți partea lungă a foliei spre centru înainte de a plia ștampila.

Rulați capetele pentru a închide somonul.

5. Coaceți timp de 30 de minute.

6. Transferați peștele fiert pe un platou. Acoperiți cu coriandru proaspăt.

Se serveste cu orez alb sau brun.

Informatii nutritionale:Calorii: 103, Grăsimi: 11,8 g, Carbohidrați: 43,5 g, Proteine: 18 g, Zaharuri: 0,7 g, Sodiu: 322 mg

Somon fraged in sos de mustar

Porții: 2

Ingrediente:

5 linguri de marar tocat

2/3 c. smântână

Piper.

2 linguri muștar de Dijon

1 lingurita praf de usturoi

5 uncii file de somon

2-3 linguri suc de lamaie

Adrese:

1. Amesteca smantana, mustarul, zeama de lamaie si mararul.

2. Condimentează fripturile cu piper și usturoi praf.

3. Puneți somonul pe o tavă de copt cu pielea în jos și acoperiți cu sosul de muștar preparat.

4. Coaceți timp de 20 de minute la 390°F.

Informatii nutritionale:Calorii: 318, Grăsimi: 12 g, Carbohidrați: 8 g, Proteine: 40,9 g, Zaharuri: 909,4 g, Sodiu: 1,4 mg

Porții de salată de crab

Porții: 4

Ingrediente:

2 C. Carne de crab

1 C. roșii cherry tăiate în jumătate

1 lingura. ulei de masline

Piper negru

1 șalotă tocată

1/3 c. coriandru tocat

1 lingura. suc de lămâie

Adrese:

1. Într-un castron, combinați crabul cu roșiile și celelalte ingrediente, amestecați și serviți.

Informatii nutritionale:Calorii: 54, Grăsimi: 3,9 g, Carbohidrați: 2,6 g, Proteine: 2,3 g, Zaharuri: 2,3 g, Sodiu: 462,5 mg

Somon copt cu sos miso Porții: 4

Timp de gătire: 15 până la 20 de minute

Ingrediente:

Dip:

¼ cană de cidru de mere

¼ cană miso alb

1 lingura ulei de masline

1 lingura otet de orez alb

⅛ linguriță de ghimbir măcinat

4 (3 până la 4 uncii/85 până la 113 g) fileuri de somon dezosate 1 ceapă, feliată, pentru garnitură

⅛ lingurita fulgi de ardei rosu, pentru garnitura

Adrese:

1. Preîncălziți cuptorul la 375 °F (190 °C).

2. Preparați sosul: amestecați într-un castron mic cidrul de mere, misoul alb, uleiul de măsline, oțetul de orez și ghimbirul. Adăugați puțină apă dacă doriți o consistență mai subțire.

3. Puneți fileurile de somon pe o tavă de copt, cu pielea în jos. Se toarnă sosul pregătit peste file pentru a le îmbrăca uniform.

4. Coaceți în cuptorul preîncălzit timp de 15 până la 20 de minute, sau până când peștele se fulge ușor cu o furculiță.

5. Ornați cu ceapa tăiată felii și fulgi de ardei roșu și serviți.

Informatii nutritionale:calorii: 466; grăsime: 18,4 g; proteine: 67,5g; carbohidrați: 9,1 g

; fibre: 1,0 g; zahăr: 2,7 g; sodiu: 819 mg

Cod la cuptor cu ierburi și miere

Porții: 2

Ingrediente:

6 linguri de umplutură cu aromă de ierburi

8 oz. file de cod

2 linguri Miere

Adrese:

1. Preîncălziți cuptorul la 375°F.

2. Pulverizați ușor o tavă de copt cu spray de gătit.

3. Puneți umplutura cu aromă de ierburi într-o pungă și sigilați. Se zdrobește umplutura până se sfărâmiciază.

4. Ungeți peștele cu miere și îndepărtați mierea rămasă.

Adăugați un file în punga de umplutură și agitați ușor pentru a acoperi peștele complet.

5. Transferați codul în tava de copt și repetați procesul pentru al doilea pește.

6. Înfășurați fileurile în folie de aluminiu și coaceți până când sunt ferme și opace când sunt testate cu vârful unui cuțit, aproximativ zece minute.

7. Serviți fierbinte.

Informatii nutritionale:Calorii: 185, Grăsimi: 1 g, Carbohidrați: 23 g, Proteine: 21 g, Zaharuri: 2 g, Sodiu: 144,3 mg

Mix de cod parmezan Porții: 4

Ingrediente:

1 lingura. suc de lămâie

½ cană ceapă verde tocată

4 file de cod dezosat

3 catei de usturoi, tocati

1 lingura. ulei de masline

½ cană de brânză parmezan cu conținut scăzut de grăsimi ras

Adrese:

1. Se incinge o tigaie cu ulei la foc mediu, se adauga usturoiul si arpagicul, se amesteca si se prajesc 5 minute.

2. Adăugați peștele și gătiți timp de 4 minute pe fiecare parte.

3. Adăugați zeama de lămâie, stropiți parmezanul deasupra, gătiți totul încă 2 minute, împărțiți în farfurii și serviți.

Informatii nutritionale:Calorii: 275, Grăsimi: 22,1 g, Carbohidrați: 18,2 g, Proteine: 12 g, Zaharuri: 0,34 g, Sodiu: 285,4 mg

Porții de creveți crocanți cu usturoi: 4

Timp de preparare: 10 minute

Ingrediente:

1 kilogram de creveți, decojiți și devenați

2 lingurițe de usturoi pudră

Piper dupa gust

¼ cană făină

spray de gatit

Adrese:

1. Asezonați creveții cu pudră de usturoi și piper.

2. Acoperiți cu făină.

3. Pulverizați coșul de friteuză cu ulei.

4. Adăugați creveții în coșul pentru friteuza cu aer.

5. Gatiti la 400 de grade F timp de 10 minute, amestecand o data la jumatate.

Amestecul cremos de biban de mare Porții: 4

Ingrediente:

1 lingura. pătrunjel tocat

2 linguri ulei de avocado

1 C. Crema de nuca de cocos

1 lingura. suc de lămâie

1 ceapa galbena tocata

¼ lingurita piper negru

4 fileuri de biban de mare dezosate

Adrese:

1. Se incinge o tigaie cu ulei la foc mediu, se adauga ceapa, se amesteca si se caleste 2 minute.

2. Adăugați peștele și gătiți timp de 4 minute pe fiecare parte.

3. Adaugati restul ingredientelor, gatiti totul inca 4 minute, impartiti in farfurii si serviti.

Informatii nutritionale:Calorii: 283, Grăsimi: 12,3 g, Carbohidrați: 12,5 g, Proteine: 8 g, Zaharuri: 6 g, Sodiu: 508,8 mg

Porții de castraveți Ahi Poke: 4

Timp de preparare: 0 minute

Ingrediente:

Ahi Poke:

1 kilogram (454 g) ton ahi de calitate sushi, tăiat în cuburi de 1 inch 3 linguri de aminoacizi de nucă de cocos

3 ceai, feliați subțiri

1 chili serrano, fără semințe și tocat (opțional) 1 linguriță ulei de măsline

1 lingurita otet de orez

1 lingurita de seminte de susan prajite

Un praf de ghimbir macinat

1 avocado mare, taiat cubulete

1 castravete, tăiat în felii groase de ½ inchAdrese:

1. Faceți ahi poke: aruncați cuburi de ton cu aminoacizi de cocos, ceai verde, chile serrano (dacă doriți), ulei de măsline, oțet, semințe de susan și ghimbir într-un castron mare.

2. Acoperiți recipientul cu folie de plastic și lăsați-l la marinat la frigider pentru 15 minute.

3. Adăugați avocado tăiat cubulețe în bolul ahi poke și amestecați pentru a se încorpora.

4. Puneți feliile de castraveți pe o farfurie de servire. Puneti ahi poke peste castravete si serviti.

Informatii nutritionale: calorii: 213; grăsime: 15,1 g; proteine: 10,1 g; carbohidrați: 10,8 g; fibre: 4,0 g; zahăr: 0,6 g; sodiu: 70 mg

Mix de cod de mentă Porții: 4

Ingrediente:

4 file de cod dezosat

½ cană supă de pui cu conținut scăzut de sodiu

2 linguri ulei de masline

¼ lingurita piper negru

1 lingura. menta tocata

1 lingurita coaja rasa de lamaie

¼ c. eșalotă tocată

1 lingura. suc de lămâie

Adrese:

1. Se încălzește o tigaie cu ulei la foc mediu, se adaugă eșalota, se amestecă și se prăjește 5 minute.

2. Adăugați codul, sucul de lămâie și celelalte ingrediente, aduceți la fiert și fierbeți la foc mediu timp de 12 minute.

3. Împărțiți totul în farfurii și serviți.

Informatii nutritionale:Calorii: 160, Grăsimi: 8,1 g, Carbohidrați: 2 g, Proteine: 20,5 g, Zaharuri: 8 g, Sodiu: 45 mg

www.ingramcontent.com/pod-product-compliance
Lightning Source LLC
Chambersburg PA
CBHW070407120526
44590CB00014B/1293